AF599957

CATARATA

Luis Acebal Monfort

De sacerdote a ciudadano

UN RELATO PERSONAL

© LOS LIBROS DE LA CATARATA, 2024
FUENCARRAL, 70
28004 MADRID
TEL. 91 532 20 77
WWW.CATARATA.ORG

DE SACERDOTE A CIUDADANO.
UN RELATO PERSONAL

ISBN: 978-84-1067-164-5
DEPÓSITO LEGAL: M-22.998-2024
THEMA: DNBA

A Javier, médico sin límite.
A Delia, minuciosa cuidadora, competente y fiel.
A Avelaine, fisioterapeuta y amiga singular.
A José María Llanos, comunista jesuita, mi admiración.
A Pepín Vidal Beneyto, agitador, mis complicidades pasajeras.
A Jesús de Nazaret, maestro de vida y muerte, mi inspiración.
A Silvia Schmitz Engelke, mi único gran amor.

ÍNDICE

Hola, tú que sabes y quieres leer:

Relatar cosas mías es una decisión difícil. Lo pensé hace años, pero tuve, y tengo, *miedo* a mi falsa importancia.

Ahora, rodado por rutas bien diferentes, decido contarte mis experiencias y "descubrimientos" hasta hoy. Me aclaro también sobre las propias conductas, errores o aciertos, con sus porqués.

Tienes mi relato. Y eso que ni siquiera estuve seguro de terminarlo vivo. Échale un ojo, solo si te entretiene y sirve.

Si te acercas, nos tuteamos.

Tuyo,

Luis.

CAPÍTULO 1

PREÁMBULO CON DECISIÓN

Es una noche de noviembre de 1972 en Alcalá de Henares (Madrid), en la que fue Facultad de Filosofía de la Compañía de Jesús, la orden religiosa denominada "los jesuitas". ¿Qué hago allí?

Primero. Soy jesuita desde 1955, ordenado sacerdote católico en 1967. He terminado 17 años de formación. Ahora debo rematarla, listo para renovar mis votos de pobreza, castidad y obediencia, y añadirle un cuarto, de obediencia al papa para misiones. Este voto vincula a los jesuitas "profesos", especie de agentes especiales, núcleo de total disponibilidad para las tareas más complejas en un ámbito universal. "Compañía" es un término militar, claramente establecido por el fundador, san Ignacio de Loyola, él mismo militar. Tras ser herido en combate, se planteó el entrar al servicio de Jesús y su Iglesia, y fundó este ejército con mentalidad de comandos al servicio del papa. De pocos se ha dicho históricamente tanto bueno o tanto malo como de los jesuitas. Pero ahí seguíamos, mirando el mundo como un todo católico universal. Ahora tenemos de moda varias organizaciones "sin fronteras". Pero, visto ya en el siglo XVI, era algo revolucionario.

Antes de rematar con este último acto de entrega personal, nos hemos juntado en Alcalá algunos compañeros, no todos españoles, para renovar durante un mes la experiencia de unos "ejercicios espirituales" tal como los diseñó el propio san Ignacio.

Segundo. He venido muy preocupado, porque no tengo clara esta decisión tan personal. Llevo un tiempo preguntándome si esta debe ser mi vida. Tengo problemas con la actitud oficial de la Iglesia. Además, me siento incómodo como agente sagrado. Parece que la gente piensa que invitándome a cualquier cosa contribuye a su eterna salvación. Y por dentro siento más placer en una vida militante, más de religioso que de sacerdote. Más mensajero que funcionario. Más servidor que representante. Más abogado que juez. Más emprendedor que guardián... Pero la decisión de cambio radical me asusta. Temo rehacer la vida a mis 35 años. ¿Por qué haber esperado tanto? ¿Para qué sirve un teólogo? Necesitaré ahora buscar una profesión. Tendré que afrontar el rechazo de mi entorno de amistades y familia, muy conservador y católico, como verás. He dicho que no lo tengo claro, ¿y una decisión así no exige certeza?

Hemos cenado y me voy a la cama. Quiero leer una novela que me relaje de esta tensión. No recuerdo el libro, pero sí que leo cómo un personaje descubre que no es hijo de quienes creía sus padres. De pronto me ocurre algo inédito. Se agita mi respiración, siento una angustia inexplicable. Me bajo de la cama, pateo la habitación. ¿Qué me ocurre? ¿Por qué?

Noche en blanco, dando vueltas. Poco a poco cuaja en mi mente aquella palabra: "Hijo de la trapera". Mi madre me lo repetía jocosa. Era chanza. No había que creerlo. Pero ¿yo lo creí? ¿Será esta especie de sospecha dudosa, oculta u ocultada, un amago de conciencia que me ha situado en el mundo? Acabo de estudiar en la Universidad de Lovaina dos años de Psicología y Psicoanálisis, y preparo una supuesta tesis doctoral. Un mundo clínico buscando la revelación del inconsciente.

Y un hecho: desde pequeño viví una situación particular. Mis tres hermanos eran como de otra generación. El que menos me llevaba 11 años. Para mí eran "los mayores", como mis padres, mis tíos y mi abuela. ¿Sospeché instintivamente que yo era distinto? ¿Me sonaría a verdad lo de la trapera? ¿Era aquella mi verdadera familia? ¿Por qué me crie como "niño bueno y obediente"? ¿Tenía en mi tripa metido, y en mi coco clavado dentro, el ansia de ser reconocido, siquiera aceptado? ¿Necesitaba estar en orden, a satisfacción de todos, para no ser expulsado de allí?

Parece que yo era tan bueno que alguien dijo que iba a ser jesuita. Mi madre contaba que respondí con lengua de trapo al típico "¿tú qué vas a ser?" "Te-tu-bi-ta". "Fíjate qué angelito", dirían...

¿Predestinado o destinado? Mis entrañas se revolvían en la noche. ¿Cómo explicar aquella inesperada agitación?

Todo encajaba. Como de un socavón brotaba la idea de haber vivido huyendo del temor al rechazo. A ser de otra parte. A tener que ganar mi puesto de niño bueno y obediente que merece seguir en este hogar.

Otra antigua imagen se entremezclaba: en una película de Buñuel una pareja de mayores algo harapientos conducen un burrito con su carro. Tras el carro, casi bajo el eje, trota un perrito. Y mi espontáneo sentir al verlo en el cine: "El perrito soy yo". ¿Cómo no me extrañó? ¿Por qué lo recuerdo? ¿Vi en la anciana aquella imagen de trapera?

La conmoción abría una sospecha tremenda sobre mí mismo. Era una revelación. Todo encajaba de golpe.

También de golpe, como un petardo íntimo, me brotó la decisión luminosa: voy a empezar de nuevo. Quiero existir. Me sacudiré este miedo visceral.

Mi mano derecha asió firmemente el bíceps izquierdo: "Este soy yo". "Haré lo que debo hacer".

CAPÍTULO 2

EL CALDO DE CULTIVO DONDE NACÍ

Te cuento a lo bruto: nací en un ambiente social burgués, con mentalidad ideológico-política nacionalcatólica, bajo influencia nacionalsocialista. Sabes que esta era políticamente novedosa en los años treinta. Y entre esos componentes dominaba en España el católico, el más tradicionalmente seguro, con vistas a la eternidad.

CUATRO ANTEPASADOS CLAVE: DOS HOMBRES, DOS MUJERES

El primero: mi abuelo paterno, Ricardo Acebal del Cueto, nacido en Gijón en 1849. Guardo de él un flashback en mi memoria infantil: estaba el anciano tan viejo, ciego, reclinado sobre una mecedora en La (A[1]) Coruña. Palpaba mi rostro. Luego contarán que murió en diciembre de 1941. Había sido un personaje de la historia asturiana. Como ingeniero de montes repobló paisajes pelados (Covadonga, por ejemplo). Investigó en el extranjero sobre la cría de truchas en ríos, y de ahí lanzó la iniciativa de una piscifactoría en Infiesto, la primera realización de acuacultura en España. Ahora también para

1. Por conciencia de ortodoxia he señalado con (A) el nombre gallego de Arousa y Coruña. En adelante te lo ahorraré, dado que en las épocas descritas esos nombres estaban castellanizados. Así éramos…

doradas, lubinas, langostinos… que consumimos todos hoy. Un precursor. Su halo heroico incluye cómo, al ir perdiendo su vista, aprendió a tocar el violonchelo. ¡Qué pedazo de abuelo!

Al segundo, mi bisabuelo materno, Antonio Alonso-Casaña, tuve que localizarlo según complejos relatos de mi madre, su nieta, y otros documentos varios. Fue magistrado en las audiencias de Oviedo, Valencia y el Tribunal Supremo de Madrid. Debió de ser una persona singularmente comunicativa, casado sucesivamente cuatro veces. Ignoro el primero de estos enlaces (¿una asturiana?) y el segundo, salvo que fue valenciana y atractiva. Junto con tales desconocimientos, lo que a mí llegaba eran historias personales, relatos de mis dos dichas antepasadas.

Algo puedo concluir: mis dos antepasados masculinos fueron lejanos o incluso ausentes. No los conocí.

La tradición edípica freudiana ha recalcado siempre que una imagen lejana del "padre muerto" puede llegar a ser tan importante como los recuerdos vivos en la arquitectura inconsciente del hijo. No sé si haber visto *Edipo rey* de Pasolini, la única película que he necesitado contemplar hasta cinco veces seguidas, habrá podido dejar en mi inconsciente algunas marcas identitarias particulares. Pero, volviendo a la prosaica conciencia, fuera del frescor de las manos ciegas sobre mi rostro infantil, en mi vida solo quedaron algunas fotos y relatos familiares sobre la personalidad de Ricardo Acebal Del Cueto.

Del bisabuelo Alonso-Casaña, ni eso: ninguna sensación, solo unas actas oficiales de sus destinos judiciales, relatos sobre sus cuatro sucesivos matrimonios y alguna huella de sus asesorías a la condesa de Berberana, cazada en internet: eso es casi todo lo que supe de su persona como tal.

La anécdota de Alonso-Casaña, que se encuentra más documentada, viene de que resultó ser buen amigo de un político del momento, D. Segismundo Moret Prendergast, líder de un partido liberal, que he tardado años en identificar políticamente, para distinguirlo de Sagasta. Tan buen amigo que, cuando Moret, a la sazón presidente del Consejo de Ministros, viaja a Valencia para recibir público homenaje, la prensa local jaleó la noticia, al saber que Moret se alojaba en el domicilio privado de Alonso-Casaña.

Es más, al día siguiente, ambos amigos recibieron un conjunto homenaje en la sede de un artesano local, que imprimió un retrato de ambos en una plancha metálica.

De vuelta en Madrid, el bisabuelo contrae su tercer matrimonio, con ¿Isabel? Gómez de la Serna, de conocida familia madrileña. No hemos averiguado de qué enfermedad esta falleció poco después. En la Sacramental de San Isidro existe el dato sobre su inhumación, introducida a petición de Alonso-Casaña. Lo que sí consta es que de ese matrimonio había nacido mi abuela María Alonso-Casaña Gómez de la Serna.

Complicado debió de tenerlo el bisabuelo solo con aquella niña, pero hay quien sabe hallar soluciones para todo, y en aquel caso dos. La primera, su cuarto matrimonio, esta vez con la condesa de Berberana, cuyos bienes él administraba, y que se prestó enseguida a educar a la niña. La segunda, la espontánea creación de una íntima y duradera amistad entre la mujer de Moret y mi jovencita abuela.

Influye aquí una tercera situación. El bisabuelo pregunta a Moret, nuevo ministro de la Guerra, si será posible encontrar una persona capaz de dar una formación, al menos elemental de matemáticas, a la niña. Moret habla del ayudante que ha seleccionado. Militar competente, que acaba de volver de la guerra de Cuba. Se llama Antonio Monfort y procede de Burriana, ciudad castellonense. Buen técnico y de fiar.

Te hueles la tostada. La jovencita se enamoró del soldado apuesto, sabio y fiel. Se casaron y pronto mi tierna abuela tuvo cuatro hijos: Isabel, Antonio, Pilar, mi madre, nacida en 1900, y Vicente, el menor. Pilar resultaría ser, con mi abuela, la cuarta de mis "antepasados clave". Y en torno a ella aparece otro elemento singular.

MI MADRE, MILITANTE POLÍTICA

Tengo copia de la carta de D. José María Gil-Robles y Quiñones, líder de la CEDA[2], a mi madre, Pilar Monfort, en marzo de 1936. D.

2. Confederación de las Derechas Autónomas, principal movimiento político de derecha en la Segunda República Española (14 de abril de 1931).

José María la felicitaba por su intensa participación en la campaña electoral del anterior febrero. Ella militaba en la CEDA, y guardaba los archivos del grupo en el distrito madrileño de Palacio.

De la CEDA se ha escrito que, a diferencia de sectores de derecha más reacios, el partido entró de lleno en las Cortes de la República de 1931. Gil-Robles defendía en las Cortes su participación activa en política buscando una mayoría civil. He podido leer también que en la CEDA destacaba una apertura mayor a la militancia femenina. Todo coincide.

De acuerdo con mi fecha de nacimiento, fui concebido en Madrid, sin duda en la calle Ferraz, 86, casa de mis padres, hacia la primavera de 1936. Debió de ser una ternura algo tardía, porque el último de mis tres hermanos había nacido dos lustros antes, en mayo de 1926. Y no pienses que en aquella época la familia católica había oído algo sobre control de natalidad. O "natalidad responsable", que se diría después.

Imagino que pudo existir un ambiente casero de "acontecimiento" después de la intensa campaña. La carta del líder pudo animar al matrimonio a pesar de la pérdida electoral nacional. Es imaginación mía, pues entonces de sexo no se hablaba. Así el renovado efluvio amoroso de mis padres, que llevaban poco más de diez años sin engendrar, pudo estar bien ambientado en aquel marzo. Las fechas encajan con la de mi nacimiento, el 12 de enero de 1937, que luego mi madre comentaría como "dos semanas fuera de cuenta".

Vivían un evidente compromiso político. A mi madre le contaron que, durante la guerra civil, en el *Madrid rojo*, sobre una tapia del cuartel de D. Juan, en el vecino paseo de Moret, apareció una pintada: "Se busca a Pilar Monfort, reaccionaria peligrosísima". Ella lo relataría orgullosa años más tarde.

Durante su luna de miel, José María Gil-Robles había asistido al congreso del Partido Nacionalsocialista Obrero Alemán (NSDAP) en Núremberg, en julio de 1933. Pero su tradición ideológica estaba más vinculada al cardenal Ángel Herrera Oria y a su diario católico *El Debate*. Había apoyado la dictadura de Primo de Rivera y luego por sentido práctico, como he dicho, defendió la participación activa de la derecha política en las instituciones de la República, aun sin aceptar el fondo de la democracia[3].

Es en esta época de los años treinta cuando ocurren cosas que marcarán mi vida a través de la de mi familia.

UN FETO VERANEANDO EN ÁVILA

En Ávila veraneaba la familia por tradición en torno a mi abuela materna, la única que he conocido. Ella ejercía un claro matriarcado desde su temprana viudez, cuando mi abuelo Monfort murió en Burriana durante la campaña electoral para el diputado liberal (otra vez Moret). Mi abuela María era íntima de la madre María Teresa, carmelita descalza en el convento de San José. A este singular corro monacal en Ávila le llaman con cariño "las madres". Fue la primera histórica fundación de santa Teresa de Jesús en 1562. Allí santa Teresa lo es todo. Reformó la orden carmelita implantando autenticidad, con más dura penitencia. Su orden renovada era las descalzas, signo de frío y rigor.

En el verano de 1936 Alfonso, mi padre, trabajaba como ingeniero de montes en el Ministerio de Agricultura. El viernes 17 de julio subió al tren "ligero" pensando estar hasta el domingo en Ávila con la familia. Contaba que encontró un ambiente raro en el tren: vigilancia, mucha guardia civil. Y con la mosca detrás de la oreja, llegó sin saber que el domingo habría guerra y una frontera le separaría de Madrid. La capital de España ese día se definió fiel al Gobierno de la República, que pronto bombardeó el insurrecto "cuartel de la Montaña".

En contraste, la Ávila católica reunió sus escasas tropas y algunos voluntarios se apostaron con fusiles entre las almenas amuralladas. En las afueras estaba el pequeño campo de aviación en manos de militares partidarios de la sublevación.

3. La historia de Gil-Robles le conduciría después a un distanciamiento del general Franco, y a participar activamente en la creación de un Grupo Democrático Social-Cristiano, fusionado bastante más tarde con la Izquierda Democrática de Ruiz-Giménez. En marcos distantes ya tardíos tuve que ver con dos de sus hijos, José María y Álvaro. Pero el mundo en que me crie tuvo más que ver con su padre y con el golpe del 18 de julio de 1936, en cuyo ambiente nací y fui educado.

Muy gente de orden debía de ser mi familia, cuando el chalé que habían alquilado para veraneo se llamaba "Villa Kaiser". Lo particular es que se encontraba al borde del camino de la ermita de la Virgen de Sonsoles, casi al lado del campo de aviación.

Viene a cuento mi primera aventura heroica. Estaba sentada mi madre en el jardín y a su lado mi hermano José Antonio, de 12 años, segundo de la tribu. Oyeron el ruido de un motor que se acercaba. Ella se tiró al suelo dando un empujón a su hijo. El avión soltó una bomba y un trozo de metralla atravesó el sillón de paja donde estaba sentado. Allí dicen que "nací", a pesar de guardar mi estado fetal. Original que es uno. José Antonio se hizo un rasguño sobre la ceja al caer sobre un zarzal. Tuvo en la frente una señal, que con algunos años se le quitó.

Nadie pudo identificar el tipo de avión. Tras cierto esfuerzo documental concluyo que solo pudo tratarse de un Túpolev, alias Katiuska, de un lote recién importado de Rusia vía Cartagena en el mismo 1936. Otros tempranos llegados de la URSS eran cazas, "moscas", "ratas" y otros, aunque no bombarderos. ¡Todos rojos, eso sí!

El incidente ayuda a entender la celeridad de equipamiento aéreo preparada por los sublevados. Aquel aeródromo, de reciente creación, ya funcionaba como base de aviones alemanes de la Legión Cóndor, junto con algunos italianos, todos ellos traídos a España en el mismo 1936. Después de la guerra, la planicie fue urbanizada y quedó solo el camino de subida hacia Sonsoles. Cuando años después me enseñaron el lugar de aquella casa donde ni nací ni morí por haber salvado la vida, no recuerdo haber visto un solo avión. Ya no los había. Ni el río Adaja ni el valle de Amblés recordaban aquellos traumas.

Esta aventura estival llenó de miedo a la familia. No debían prolongar aquel arriesgado arrendamiento. Buscaron apoyos dentro de la ciudad amurallada. La familia Tomé (Jerónimo, alias Jomo) ofreció alojamiento temporal. Y mi gente se puso a buscar un piso en alquiler.

La etapa era complicada: mi padre ya no podría cobrar el sueldo del Ministerio en Madrid. Y eso que no se sabía que la guerra iba a durar. He oído hablar de la cantidad de ayudas recibidas de viejos amigos o de establecimientos sin más. En Ávila, cada vez que íbamos a pasar el septiembre después de la guerra, junto con mi abuela, se practicaba un rito de agradecimiento visitando a Mariano. Su tienda de comestibles en el Mercado Grande había fiado a ciegas las compras de la familia. Mariano acogía bondadoso a los agradecidos. En particular me hacía fiestas, recordando que allí había nacido yo, que me pudo ir engordando gracias a su leche y su pan. Recuerdo también que mis hermanos mayores guardaban una relación cordial con los dueños de la famosa Flor de Castilla, la popular confitería creadora de las yemas de santa Teresa. Algo habrían hecho por nosotros.

En casa se vieron aquellas solidaridades, y las posteriores en Galicia, como frutos directos de la fe religiosa compartida.

Buscando vivienda, apareció el piso: calle Enrique Larreta, 1, ¿o 2? No sé cuál de ambos que habían habitado dos hermanos médicos Rodríguez Sahagún. Se habían vuelto a su Valladolid, encontrando escasa la seguridad que ofrecía Ávila, especie de ciudad fronteriza, adicta al golpe de Franco frente al Madrid republicano. En el Alto de León se disparaban y entremataban unos y otros desde sus trincheras.

Años después, José Antonio me contaría sus curioseos en la biblioteca del médico que nos tocó, para realizar sus investigaciones particulares sobre el sexo y sus avatares. Entonces, y más tarde, incluso ahora, las familias no hablaban de esto. Lo mismo me pasaría después, aunque sin biblioteca médica, solo diccionarios. La entrepierna era obsesión. Los niños hacíamos averiguaciones entre habladurías de coleguillas, aprendiendo de la calle, y del más pícaro, el sexo envuelto en picante y pillo lenguaje. Pero la familia se quedaba más tranquila guardando sus normas de lo que no se debe hablar, y todavía hay padres que se escandalizan cuando los maestros más responsables reclaman una sana y correcta educación sexual.

Sea lo que fuere, el piso de Enrique Larreta estaba muy cerca del Mercado Chico, al lado de la parroquia de San Juan Bautista, donde una inscripción sobre la piedra señala: "AQUÍ fue bautizada Santa Teresa de Ávila", y debajo "4 abril 1515".

Y allí fui bautizado el día 13 de enero de 1937, siguiente al de mi nacimiento. Conservo una agenda de mi padre que relata todos estos hechos con minucia de ingeniero. Llegada de comadrona, hora del parto en casa, peso del bebé (vestido, que en el enero abulense no se puede estar desnudo). Y naturalmente el bautizo en la parroquia. La madre no solía asistir a los bautizos. Se quedaba en casa, donde había parido. Nada de clínicas y hospitales, ni incubadoras, pero sí raudos al sacramento. Al alma del niño había que salvarla cuanto antes, no fuera a morirse camino del limbo. Gracias a la agenda de papá tengo a mano aquellos horarios y datos técnico-médicos. Mi coincidencia bautismal con la santa me sería siempre repetida. Los tonos traslucían una vaga idea de estar medio predestinado para algo, sin duda referido a la religión. Empezaba la profecía. Se llegaba a decir que con los años aparecería grabada mi placa bautismal junto a la de Teresa de Ahumada. Y yo lo oía. ¡Qué cosas!

ENTRAR EN GUERRA, HUIR DE LA GUERRA

Poco antes de mi nacimiento, Alfonso, mi hermano mayor, fue a enrolarse en el ejército de Franco. La Guardia Civil lo devolvió a casa, aduciendo que no se admitían niños de 15 años. Pero a sus 16 insistió y fue aceptado. Allí estaban ya alistados los dos hermanos de mi madre; uno de ellos, Antonio, recién llegado de Argentina. Se trataba de Dios y España.

Con el tiempo he percibido mejor la oleada de entusiasmo que sacudía las clases nobles, o burguesas (sobre todo militares y funcionarios), en aquellos días. No sería la primera revolución consciente de estar marcando un hito definitivo en la historia. Hemos oído los nuevos nombres de días y meses de la Francia revolucionaria de fines del XVIII. La palabra "Brumario", referida al sobrepasado noviembre, reflejaba un vuelco de la conciencia colectiva[4].

4. El dato más curioso es el de la fecha del "18 Brumario", que marcó el final de la revolución, no por ver realizado su propósito, sino por señalar el golpe de Estado de Luis Bonaparte, creador del imperio y sus consonancias coloniales, Egipto, principados alemanes, España... hasta estrellarse frente al poderío de Inglaterra, el

A cuento viene la entusiasta denominación de las nuevas fechas hispanas como "primer año triunfal", permaneciendo discutida la atribución al 36 o al 37. A favor de lo segundo hay numerosos escritos, pero otros (también en pies de imprenta del 36) se lo atribuyen ya, aunque solo en su segunda mitad. Tienen a su favor la acuñación de la moneda de 25 céntimos de peseta (el "real" con su agujerito en el medio). Allí aparece el 1936 como "año triunfal". Pero ¿dónde y cuándo se acuñó tan deprisa?

En fin, sigo sin saber si nací en el primero o en el segundo año triunfal. Lo claro es que el triunfo se vendía antes de cazar el oso, y todos coincidieron en que 1939 se llamaría "año de la victoria".

Triunfos aparte, lo del calendario era ya un invento fascista, contando años con números romanos, a partir de la marcha sobre Roma en 1922. Allí se iniciaba la serie como una "nueva era". Los símbolos italianos tenían fuerza: el mismo *fascio* se trasladaba al "haz" de las flechas. En cambio, en Alemania hubo más decretos que símbolos: el nombramiento de Hitler como canciller (1933) y el decreto de plenos poderes a su favor (1934).

A pesar de estos entusiasmos, la familia no se sentía a gusto en Ávila. Mucha tensión y temores de que una columna republicana cayera sobre la ciudad. Mi madre había hecho amistades en estancias pasadas en Galicia donde, contaban, "no había guerra". Avanzado el 1937, se metieron en un tren mixto y fueron a Villagarcía de Arosa (Arousa). Se trataba de una familia de amigas de mi madre y del Hotel Casablanca, cuyos dueños nos alojaron generosamente. En mis recuerdos se grabarían después las visitas llenas de abrazos y agradecimientos. Juraría que los dueños del hotel se llamaban Rogelio y Paquita. Estaba justo delante de la ría, frente a un espigón, de donde salían barcos de transporte a la otra orilla.

Parece que, al acabar la guerra en 1939, el Ministerio de Agricultura ofreció a mi padre la jefatura del Distrito Forestal en una de estas provincias: Cádiz o Coruña. Visto desde Villagarcía era obvia la elección.

imposible sueño dorado del emperador. Tan plural es la lectura histórica del sentido de esa fecha que Marx lo pudo formular después en un escrito titulado "18 Brumario" y en sentido bien diferente. Resumiendo: aquel "calendario" de la revolución se hizo más famoso con su desaparición. La historia guarda mensajes que no todos escuchan.

Dicen que allá nos fuimos. Alquilaron piso en la calle Fontán, 7. Una lateral de la plaza de Galicia, presidida por el Palacio de Justicia, sede de la Audiencia Provincial. En La Coruña residí, aunque con interrupciones continuas, hasta mis 18 años.

Algunos conocidos todavía me consideran gallego. Otros me relacionan con Asturias, vista mi familia paterna. Yo digo que nací en Ávila, y añado que fui concebido en Madrid. Todo un revuelto.

De aquella etapa en Villagarcía no tengo recuerdo aparte de una foto en la que estaba muy gordito. Hay una cortina detrás, que traiciona la mano de Justa, que me sostenía de pie. Justa Santos era la fiel doncella que nos acompañaba durante todas estas aventuras, y siguió siendo para mí una especie de hada protectora hasta que se casó con Pepe y ambos se establecieron en Coruña después de 1942. Durante toda su vida me llamaría "mi niño".

ALGUNOS 'RETALES' DE IMÁGENES INFANTILES

De 1939 a 1942 solo guardo memoria de vagas imágenes, a modo de *flash*. Algún otro caso conozco por lo que me han contado. Todo permanece fragmentado. Dicen que es normal.

Uno: mi padre pone un desfile ordenado de soldaditos de plomo. Lo admiro. Orden.

Otro: estoy acostado. Dos rostros inclinados sobre la cuna me hacen cucamonas. Luego oiré que eran los chicos pequeños de la familia del tío Ricardo Acebal. Uno, Juan Luis, será abogado y luego fraile dominico. Llegará a rector de la Universidad en Salamanca. El otro, Mariano, será fraile franciscano. Trabajará en Italia sobre la historia de la Orden. Todo esto lo sabré luego. Ahora guardo sus caras sonrientes. Por el alma de su hermano Dionisio Acebal, voluntario muerto más tarde en Rusia en la División Azul, rezaríamos más tarde un padrenuestro al terminar cada día el rosario en familia.

Otro: orgullo de niño sabihondo. En una esquina de la plaza de Galicia acompaño a mi padre, que se detiene con D. José Romero, ingeniero ayudante, y su mujer. Preguntan cuántos años tengo y respondo "cuatro, y sé leer y escribir con letras de imprenta". Me refería a mayúsculas de palo, pero es la primera vez que recuerdo estar orgulloso de algo, y atreverme a decirlo.

De esta época me contarán que mi padre tuvo una parotiditis gangrenosa. Se moría tan deprisa que el médico (sin duda D. Gaspar Araújo Luces, vecino en la calle Fontán) le operó sobre la mesa del comedor de casa. Yo no estuve presente, no me dejaron. Luego mi padre tuvo una cicatriz lateral desde la sien hacia la barbilla. Y debajo de la barbilla otras dos cicatrices, prácticamente invisibles. Se las cauterizaron con un aparato incandescente (aprendí la palabra *gálbano*). Éxito total. Solo al comer le sudaba claramente la cicatriz de la sien izquierda. Más tarde mi padre se estabilizaría en casa, como una especie de perpetuo enfermo, debido a sus continuas migrañas. Tema que duraría. Y personalmente me afectará, para bien o para mal.

Fecha anterior al 42, en casa de mi abuela en Madrid, calle Evaristo San Miguel, 16. Aparece allí el tío Antonio, con su uniforme militar. Capto ambiente intenso. Lágrimas y emoción. La abuela había perdonado a su hijo. Luego me enteraré por qué: se había liado con una actriz y huido con ella a América. El haber vuelto para alistarse en la guerra los reconcilió. Para mí lo principal eran unos maravillosos soldados de plomo que el tío me regaló. Caballos blancos y sobre ellos encajaban los lanceros de la reina con su uniforme azul. El jinete se separaba del caballo, cosa nunca vista. Tío Antonio era un loco entusiasta de los caballos. Poco después de terminar la guerra le destinaron a Barcelona, a la remonta (de caballos) en la Barceloneta. Era buen pintor, detallista, y solo pintaba caballos. Era la persona más divertida de toda la familia.

Volviendo a Coruña aparece mi primer jesuita, el P. Carrera, superior de su iglesia en la calle Juana de Vega. Según mis padres dijo que me había examinado y consideraba que ya estaba preparado para hacer la primera comunión. Parece que dominaba el catecismo y matizaba bastante, incluido lo de "no son tres dioses". Pero él opinaba que podía ser un poco extraño que se admitiera a un niño de cuatro años, cuando la regla general era que la edad para comulgar era de siete. Debió recomendar prudencia y no llamar la atención, aunque la abuela ya tomó iniciativa de prepararme con las escolapias en Madrid. La bola de mi predestinación religiosa seguía rebotando por ahí.

PRIMERA PARTE

LABORES Y DÍAS

CAPÍTULO 3

RECUERDOS DE UN RENACUAJO. 1939-42

Empiezan relatos vivos: casi todo fragmentado en la memoria.

Desde 1940, en años de posguerra, se renueva la tradición de pasar el mes de septiembre en Ávila, con la abuela. Guardo algún vago recuerdo de 1940 y 1941. Uno es una casa con terreno tapiado delante. Próximo a la puerta de la muralla que daba al "rastro" (nombre asociado: "campo de la leña"). Casi al lado, una iglesia donde me recuerdo rezando, cantando quizá. Primera vaga idea localizada de mi primo Juan Carlos Monfort, algo más joven que yo.

En los septiembres abulenses debió iniciarse mi vida consciente con la RENFE, yendo de Coruña a Ávila, y más tarde, desde que mis hermanos empezaron sus estudios universitarios en Madrid, con la forzada trashumancia de mi madre, que alternaba meses en Coruña y meses en la capital, cuando los hijos mayores vivían en casa de la abuela y mi padre estaba solo, destinado en Galicia. En todas esas idas y venidas ella me llevaba consigo. Te contaré más de estas etapas de niño ambulante, decisivas para mi modo de ser.

ADELANTADO RUMBO AL CIELO

En estos septiembres nacen los elogios de mi abuela ante su amiga carmelita, la madre María Teresa. Habla de lo bueno que es este niño, de su bautizo en la pila de santa Teresa, de que alguien imaginaba que un día llegaría a jesuita. Rebrotaba el mito del predestinado.

Contó entonces que una más joven carmelita, Teresa Margarita del Corazón de Jesús, había sentido la inspiración de dedicar su vida como "capellana" orando por este niño de quien le había hablado la madre María Teresa. Pidió conocerme, y la abuela, encantada por estos presentimientos, me llevó enseguida a visitarlas en el locutorio del convento.

Es impactante ese locutorio, al que pude acceder durante muchos años. Se entra a través de un torno giratorio, ante el que te identificas hablando con la tornera invisible. Aceptada la visita, el torno gira y aparece la llave del locutorio. Este es una doble habitación dividida por una reja semioxidada de grueso metal, en formas cuadradas. De cada ángulo o vértice sobresale un vástago férreo y puntiagudo, que casi impide acercar tu cabeza a la reja. La iluminación es tenue y al otro lado aparecen las monjas visitadas, cubiertas con sus hábitos, entre los que se traslucen rostros sonrientes y discretos. Su habla viene sembrada de palabras devotas pero amables. Cuando la persona visitante pronuncia cualquier frase mínimamente elogiosa dirigida a una monja presente, esta se inclina hasta el suelo comentando algo como que "es de postrarse".

Nos aceptamos, y a partir de entonces, aquella joven era mi "capellana".

Me tendría presente en todas sus oraciones y penitencias. Durante años fui recibiendo cartas y pequeñas estampas dedicadas por ella. Las cartas comenzarían siempre así: "La gracia del Espíritu Santo sea en tu alma, querido Luisito". En la iglesia de San José de "las madres" dije una de mis primeras misas en 1967. Una vez, siendo capellán en la Escuela de Enfermeras de la Cruz Roja de Madrid, acompañé a una joven que me dijo tener vocación de clausura para que conociera a las carmelitas de Ávila. Cuando años más tarde mi "capellana" recibió, por vía de mi madre, la noticia de mi decisión de abandono de la orden jesuita, debió de sufrir gran disgusto y desolación. No pude darle explicaciones sin temor a herirla aún más en su segura decepción.

MIEDO A LOS ANIMALES, ANGUSTIA Y DESENLACE

Septiembre de 1942, Ávila, y "Villa Teresita", nuevo paraíso infantil.

Entre 1942 y 1946 la abuela alquiló una casa singular construida al pie de la muralla y accesible desde el camino de circunvalación, pero adosada a una aguda pendiente. Entrando desde el camino amurallado se accedía al piso superior para bajar luego al resto de la casa. Al fondo del terreno había una huerta, un estanque, una conejera, toda una escarpada extensión para trepar y destrepar los niños, Juan Carlos y yo. Y la galería del piso superior aportaba una gran perspectiva para seguir la humareda de cualquier tren procedente de Salamanca.

Por aquel entonces, tío Vicente, invitado por una familia amiga, pasó las vacaciones en una finca próxima, Garoza. Y me propuso, ante la abuela, que fuera a pasar unos días con ellos.

Me puse muy nervioso. Oí a Juan Carlos decir que allí había vacas y perros. Nunca he vivido cerca de animales sueltos, que me dan terror. Me obceco en mi negativa: no quiero ir ni explico el porqué.

"¡Vaya feo le has hecho a tío Vicente!", me regañó luego la abuela. Nunca había oído "feo" dicho así. La abuela nunca me reñía. Ante tal reprimenda, mis tripas de niño bueno se retorcieron de vergüenza. Hice de ellas corazón, la siguiente vez acepté asustado y me dejé llevar.

Llegado a Garoza, todos debían conocer mis miedos. Iba de paseo por la finca, con Juan Carlos y sus dos hermanas, Ana Mari y Pilar. Nos acompañaba, en francés, una joven que apelábamos Madmua. Estuve muy tenso. No me gustaba trepar por sitios difíciles. Me enseñaron dos enormes vacas (llamadas "triguera" y "mohína") que trillaban dando vueltas.

Todo lo miraba de lejos, sin acercarme a nada. Cuando tocaba hacer pis, Madmua nos separaba a lados opuestos de un árbol gordo. Y me irritaba no poder ver cómo lo hacían mis primas.

Por allí andaba una perrita de caza, lanosilla, llamada Alfa, el primer animal del que llegué a no desconfiar mucho. Pero seguía pensando "¿cuándo me sacarán de aquí?".

Un día tocó caminata hasta otra finca. Allí me pasó algo vergonzoso: desgarré y manché mi pantalón. ¡Qué vergüenza! ¿Cómo ocultarlo?

Bea Melgar, joven adolescente del grupo de Garoza, vio algo raro y se ofreció a conducirme de vuelta sentado sobre el manillar de su bici. Ella frenó un momento y caí de bruces en la tierra. Algo rasgó mi piel al caer, seguramente la pestaña de freno de la bici. Me subieron de nuevo, pero el sitio dolía.

De vuelta, antes de cenar, me toqué el muslo por detrás y noté sangre. ¡Más vergüenza! Me arrimé a la pared y Alfa vino a olisquear hacia mi pompis. ¡Un desastre esto de Garoza!

Dormía en la misma cama con Juan Carlos, que se puso a gritar y a llamar tras ver el charco de sangre sobre la sábana, mi pierna herida y un trocito minúsculo de carne pendiente. Junta familiar y un comentario general: "¡Qué valiente! ¡Ni siquiera ha llorado! ¡Estaba herido y no ha dicho nada!". Me quedé pasmado de ver mis vergüenzas trocadas en alabanzas.

Tío Vicente me llevó en coche a Ávila para que me curasen. Le dije que no me importaría la cicatriz en un sitio tan oculto y no quería que galvanizaran el borde, recordando el caso de mi padre. Tenía miedo al dolor de la cura. Para mi sorpresa, tío Vicente me obedeció. Cuando volví a Garoza me regaló un señor una pistolita con petarditos, ¡por haber sido un valiente de cinco años!

Lección inolvidable: pueden tenerte por valiente, y eres cobarde. El más evidente miedo que soportas te produce elogios de valentía.

He pensado mucho en este episodio, que entonces me obsesionó. Pude haberme lamentado o haber pedido ayuda, incluso protestar contra Bea la ciclista. Cuando la perrita estaba olfateando mi sangre pude gritar, incluso echarle la culpa. Pude pensar que la ida a Garoza era la causa del mal. Nada de eso pasó por mí. Solo viví atolondrado de miedo, avergonzado de haber dañado y roto el pantalón, convencido de mi cobardía, refugiado en el silencio, en ocultar lo pasado, en sufrir aquel clima hostil.

Y sorpresa, cuando tío Vicente, en general autoritario, obedeció mudo a mi decisión sobre la cicatriz, me sentí fuerte. ¿Amanecía un crío medio estoico, impávido ante la verdad de las cosas? ¿Era esto un nuevo ejemplo de niño bueno y no tan obediente?

Te parecerá bobada, pero siendo mucho más crecido pude concluir que en un trance difícil vale la pena sostenerse y ver por dónde sale el asunto, sin quejarse ni llamar la atención. Cuestión de resistir, saber aguantar. Guardar la posible solidez, sin dejarse quebrar. He visto a tantos quejarse y echar culpas a otros de algo malo que les pasó...

Pude rememorar esta cicatriz infantil, cuando 30 años después tuve que desafiar el enfado y decepción de todo mi entorno al romper mi vocación religiosa. Comprobé de nuevo que se trataba no de sacudir culpas, sino de aguantar firme y hallar salida, sin más. Luego, una vez hecho, algunos también lo miraron como valentía. De nuevo lo mismo.

Desde aquel 1942 guardo cuatro centímetros de cicatriz en la cara interna de mi muslo izquierdo. A veces la palpo y la siento como un signo de identidad.

UNA CUMBRE RITUAL

También en 1942 cumplí mis cinco. La abuela vendió su casa y alquiló un piso en Ferraz, 72. Pasaron meses y, al llegar en octubre el Día del Pilar, santo de mi madre, organizaron mi prematura consolidación religiosa, la primera comunión. Se dirigieron al padre Martínez, jesuita del conocido como Colegio de Areneros. Allí habían estudiado algunos de mis hermanos. Me vistieron de marinero, diría que de almirante. De la ceremonia recuerdo que el P. Martínez me dirigió un sermón. Habló del Niño Jesús, y vi aún su gesto de brazos, como si estuviera él mismo acunándolo. Sonaba el órgano y la voz solista de mi hermano José Antonio: "Quiero, madre, en tus brazos queridos / como niño pequeño dormir / y escuchar los alegres latidos / de tu pecho de madre nacidos / que bate por mí". De la letra no estoy muy seguro, aunque creo que era el himno de ese colegio. Junto al órgano oigo todavía la voz de mi hermano, incluso como algo metálica, más de lo que mil veces le he oído cantar después.

Alguien pensó hacerme una foto vestido de primera comunión. Pero mi madre lo prohibió. Dijo que eso era "una vulgaridad". No pensaba así Justa. Ya en Coruña, sin decírselo a nadie, me vistió con el traje y se hizo fotografiar conmigo en un paseo de la ciudad vieja, quizá junto a la dársena pesquera. Debió de guardar la foto en secreto, y muchos años después su hija me la enseñó. 40 años después Justa seguiría diciendo que yo era su niño, amor incondicional.

Esta historia de prematura primera comunión me confirmó el sentimiento de adelantado, distinto de otros niños. Dos años después, a sus siete, junto con un grupo de su colegio, la hizo mi primo Juan Carlos, casi de mi edad. Él era niño "normal". Lo mío era otra cosa.

CARTAS Y LIBROS

Creo que poco a poco mi mundo se iba conformando en torno a los problemas de la vida familiar. Nada me relacionaba con el supuesto mundo infantil; ningún niño alrededor, solo Juan Carlos, más joven y "brutote". Le contaba mis ocurrencias y él reía y disfrutaba. Le gustaban mis cartas, escritas en lenguaje exagerado, como el de un gran señor que relata sucesos de su castillo. Él se tronchaba de risa.

No me interesaban los tebeos. Eran muñecos de colores. Ni la ratita zalamera ni demás me gustaban. Cosas hechas para niños, que se creen los dibujos exagerados. Yo estaba en el catecismo, la fe, la conducta correcta en la familia, la comida rica, para la que pronto se alababa mi apetito, cierta glotonería y disfrute innato, ¡pero no pensaba en dibujos de muñecos! A medida que mi vida fue estereotipándose en torno a los viajes de ferrocarril con mi madre, se iban desinfantilizando mis intereses.

Entré en una fase de lector, que en parte pude compartir con Juan Carlos. Leíamos libros, novelas baratas. Una vez en Ávila las dos familias se plantearon si las novelas de El Coyote serían lecturas *moralmente* adecuadas para nosotros. Con algunas dudas aceptaron: ¡vía libre! No habían leído esas cosas y les faltaron argumentos de censura. Leíamos como descosidos esas novelas baratísimas.

Si fuera posible describir el tipo de argumentos, creo que habría que definir a mis héroes con la etiqueta de "bandidos generosos". Me gustaba El Coyote por tratarse de un noble señor, D. César de Echagüe y de Acevedo, que pasaba por un pedante egoísta, pero que defendía causas justas con inteligencia y eficacia. Pero había más: estaban las obras de Salgari, Sandokán y los *Tigres de Mompracem*, las aventuras de Mowgli, Tom Sawyer, *La isla del tesoro*, las obras de Verne, más de héroes investigadores que de bandidos generosos. También determinados relatos policíacos estadounidenses, como los de Lamont Cranston, La Sombra. ¿Tienen cierto factor común estas historias en defensa la justicia y los buenos comportamientos? ¿Eran ecos de mi educación moral católica? Y otra pregunta muy posterior: ¿habrá tenido algo que ver aquella simpatía por arriesgados bandidos generosos con mis posteriores aventuras en los años setenta para restaurar la democracia, vigilando por el retrovisor a todo posible perseguidor franquista?

Una cosa que anotar: con los contextos geográficos internacionales de todas aquellas aventuras crecían dos fuentes de intereses, una por el mundo exterior y otra por el humor. La primera aumentaría luego en la Segunda Guerra Mundial y los viajes. Y la segunda, junto a tantas obras breves y baratas, brilló mi primer más grueso libro de cabecera: los *Viajes morrocotudos* de Juan Pérez Zúñiga, con los dibujos tan divertidos de Xaudaró. Lo leía, releía, y volvía a reírme. Era el libro más "mío", lleno de paradojas que disfrutar.

MADRID

En Madrid, para empezar, teníamos teléfono, el 44745, cinco números. Tío Vicente tenía el único coche de la familia, vivía en Claudio Coello, 101 con tía Mercedes, Juan Carlos y sus dos hermanas. Iba al Club de Campo y allí me llevaba a veces con sus hijos. En Madrid vivía también la tía Sofía, hermana mayor de mi padre, en Lagasca, 58, frente al Mercado de la Paz. En la calle de Goya vivieron un tiempo la tía Manolita, la otra hermana de mi padre, y su marido, tío Pepe de la Sala, militar asturiano que falleció prematuramente de un infarto. Muy triste, tía Manolita se fue sola a su casa de Somió, en Gijón. No tuvieron hijos. Y tampoco los tenían tía Isabel, hermana de mi madre, y su marido Luis de Arce, que pronto se instalaron alquilados en habitaciones del ático de la misma casa de la abuela en Ferraz. Aparte de toda esta familia estaban las amistades, numerosas, de mi abuela y de mi madre, mujeres mayores en general.

¿Por qué todo este relato? Si te fijas, excepto tío Vicente, ninguno de los citados tenía hijos. Y en Coruña nuestra familia advenediza no conocía a casi nadie. No teníamos teléfono. Usábamos el del piso de enfrente de nuestros agradables amigos Edmundo y Fina, con quienes jugábamos a la brisca algunas tardes. Y con sus sobrinas Amparín y Fina, que se metió a carmelita descalza. La miga está en que, salvo con Juan Carlos y sus hermanas, no tuve ocasión alguna de convivir con otros niños hasta bien cumplidos los ocho años de edad. Conservo una imagen de ese tiempo: está Juan Carlos delante de mí en su casa. Veo sus sandalias rozadas y pienso: "Este anda con otros niños, juegan, se pelean y se rozan los pies".

Experiencias que no eran para mí. Un día, en casa de la abuela, supe que iban a venir Juan Carlos y sus hermanas a verla por la tarde. Y le dije a la abuela: "Mejor quitas estas cosas de encima de la mesa, que van a venir los primos y los niños ya sabes que lo tocan todo". Esto recuerdo haberlo dicho. Y también que mi abuela lo relató como un detalle mío. Lo de "el repelente niño Vicente" era una expresión para mí desconocida, pero intuyo que más de uno la pensó sobre mí.

Veía muchas cosas, y las registraba. Las líneas de Metro de Madrid olían a demonios.Todas menos una, la línea 4: Argüelles-Goya/Diego de León. Olía a limpio. Pregunté y me dijeron que la 4 era la más moderna, inaugurada después de la guerra (yo la usaba para ir a casa de tío Vicente). Las otras líneas, en la guerra, se habían llenado de gente amontonada que pasaba noches en las estaciones. Eran un refugio contra los bombardeos. Todo Madrid lo sabía. Imagina qué olor.

Los tranvías, los autobuses de dos pisos, la construcción de la Ciudad Universitaria, el tranvía italiano Moncloa-Paraninfo con puertas automáticas y forma aerodinámica, los problemas cuando un "trole" se salía del cable. O peor, si una cabalgadura caía herida sobre la vía. El tranvía a nuestra puerta, línea 31 Ferraz-Sol-Atocha-Delicias, por 15 céntimos de peseta. Nunca llegué más lejos de Sol.

Los viajes de un día a Carabanchel con tía Isabel, que se dedicaba a cuidar o aprovechar las abejas en el jardín de un convento, vestida casi como un guerrero medieval, protegida por redecillas complicadas y colgadas de un sombrero extraño, insuflando humo con un soplete. Carabanchel, Chamartín, eran ciudades lejanas, fuera del supuesto "enorme" Madrid que alojaba apenas a un millón de habitantes, y que en nueve años se iba a duplicar, según leí mucho después.

El Niño Jesús de Praga, estatua ambulante alojada en una urna, que se iba distribuyendo por sucesivas casas de familias "abonadas"; las "terciarias" carmelitas, una especie de anticipo de los institutos seculares, pero con hábitos distintivos, imitados de los monásticos, que los terciarios podían usar como mortaja; la Parroquia del Buen Suceso, en Argüelles, donde oficiaba D. José María Bulart, el confesor o capellán de Franco.

Las ruinas del cuartel de la Montaña, por donde podíamos vagar los niños (allí cerca veía yo a algunos otros, para jugar a las chapas en el paseo de Rosales). Allí, el chalé de Moret, con impactos de la batalla de la Moncloa, y la historia de la abuela, que con la mujer de Moret rezaba acongojada porque sus maridos defendían la separación de la Iglesia y del Estado. Así, en medio de "consejas de mayores", flotaba mi infancia.

CORUÑA, 1942

También el 1942 marcó un cambio: nos mudamos de casa al Cantón Pequeño, 15-17, en el piso más alto, encima del Banco Anglo Hispanoamericano, luego Banco Español de Crédito, en la casa contigua a la tienda Helados La Ibense, más interesante que el banco. Delante del balcón se encontraba un llamativo monumento (a Concepción Arenal, me enteré más tarde) dentro del parque y los jardines de "el relleno" sobre el mar, y más allá todo el gran puerto delante de los ojos. Allí comenzaba una precisa etapa de mi vida enamorada de barcos de guerra y carga, balandros, natación, pesca y agua, agua.

Fue también el momento en que Justa se casó con Pepe, que me compraba barquillos de canela y limón en los paseos de ambos por el parque, donde yo ejercía como feliz acompañante de los novios. Y poco después fue la fecha de entrada en casa de Isabel García, pequeña y dinámica zamorana que mi madre localizó en el convento de las monjas apodadas "del servicio doméstico". Conservo una sartén y una cazuela, regalos suyos en mi boda, 40 años después. Su primer impacto casero fue la calidad de su fritura, empanadillas y sesos, ligera y crocante. Un día el entusiasmo de mi padre le hizo decir: "Esto no lo come ni Franco".

NOVEDADES

A falta de colegas alevines, la fase siguiente será autodidacta: nadaba solo, sin pisar un colegio, sin compartir estanque con más ranitas.

Fui teniendo educación casera gracias a sucesivas profesoras que, como ya sabía leer, me adiestraron en el manejo de las operaciones aritméticas. No recuerdo sus nombres, pues debieron de ser varias y, a diferencia de la abuela, yo no estaba para casarme con ningún profesor o profesora.

Hasta el otoño de 1945 se extendería una etapa en que el niño, bueno y obediente rodeado de personas mayores, no iba al colegio, ignoraba la convivencia normal con otros niños y se dedicaba a viajar en tren con su madre en continuos viajes de ida-vuelta entre Coruña y Madrid.

CAPÍTULO 4

RENACUAJO, OBSERVADOR ENTRE RANAS

Debe existir un momento, cuando el renacuajo frena la agitación de su cabecita y da tímidas vueltas tanteando el entorno, donde podrá un día nadar. Así parecía mi nueva fase entre 1943 y otoño de 1945.

NIÑO EN TREN

El "exprés" Coruña-Madrid tardaba 23 horas; Madrid-Coruña, 21 horas, ahora cuesta abajo. La línea daba una gran vuelta (casi 850 km) para pasar por León. Por carretera eran 606, pero no teníamos coche. Al inaugurar la vía más corta, por Zamora, ya fumábamos puros...

Así creció mi etapa ferrocarrilana desde 1942 hasta octubre de 1945. En esos años el niño fue sabiendo todo de ese recorrido de idas y vueltas: Betanzos, Monforte, La Rúa Petín, Ponferrada, Bembibre, León, Venta de Baños, Palencia, Valladolid, Medina del Campo (asomarse para ver el castillo de la Mota), Ávila (mirar las murallas), El Escorial (mirar al Monasterio); los "ciscos" en el ojo, del humo de la locomotora de carbón, si te asomabas a la ventanilla, las paradas en espera de un cruce, los túneles... y el control de los revisores, el despertar de altavoces y jaleo en las paradas nocturnas, el desayuno en el coche restaurante con enormes tazones cóncavos de donde se desbordaba el café por las sacudidas de la vía y el peralte de las curvas...

En días corrientes, cuando no viajábamos, el paquete confiado en la estación al amable inspector Pozas para que llevara la carne gallega que le recogerían los de casa en la estación de Madrid.

Mis recorridos eran captados desde el coche de primera clase, aunque el niño detallista y observador conocía toda la composición y ocupación del tren. Volveré sobre esto al tratar sobre la ceguera. Será una experiencia decisiva en mi vida, como verás.

Esta larga serie de años hasta entrar en el colegio no era común en otros niños, no jugaba con otros, porque convivía con mayores.

NOVEDADES CORUÑESAS

En Coruña todo era observar y aprender cosas del mar y de barcos, a leer papeles a su alcance, enterarse de la actualidad, solo o con su padre, hombre curioso, que también conocía de asuntos públicos por ser una pequeña autoridad en la provincia.

A estas edades la criatura en su cabecita (lo más desarrollado del renacuajo) iba engendrando nuevos objetos de atención. Había ranas maduras en el entorno, pero solo podrá contemplarlas de lejos.

Por eso, antes de hablar de una rana, capaz de croar en el estanque de la vida, caracterizaré este tránsito 1942-1945 como el charco de "la ranita", un frágil bichito que pronto seguiría solitario, pero ya desarrollaba intereses, información, observaciones e incluso registraba algunos acontecimientos del entorno adulto.

FASCINACIÓN POR EL PUERTO, LOS BARCOS, EL MAR

Era casi obligado pasear por el puerto con mi padre. Desde el balcón teníamos la enorme vista de conjunto, rematada por la costa de enfrente de la ría, con sus pueblos (Santa Cruz, Mera...) a los que conducían barcos de pasajeros y viandantes. Ante nosotros

(¡ah, mis nuevos prismáticos!) los muelles principales de atraque, el Méndez Núñez (para trasatlánticos, grandes buques, navíos de guerra). A la derecha, el ancho espigón Calvo Sotelo dividía el puerto en dos, con la zona de grandes grúas y tráfico de cabotaje a la altura de Linares Rivas, seguido por el ángulo del puerto pesquero, La Palloza, donde se oía aullar el griterío de las subastas. Más allá había un amarre de pesca y algunos petroleros.

Los "bous" (bueyes) de casco metálico, dados a la pesca de altura, especialmente en el Gran Sol. Las "vacas", menores y de madera, con cabina y grandes redes de pesca de cabotaje. Más tarde, los mayores bacaladeros, con sus cámaras frigoríficas.

El tráfico de carga, anunciado cada día en el periódico: barco, procedencia, carga. Los barcos de AZNAR, nombres de "monte", los de YBARRA ("cabo"), la Trasmediterránea con mercancías de África, etc. También he de citar a la Trasatlántica Española, el Marqués de Comillas y el Magallanes, que enlazaban desde La Habana y Nueva York con todos los puertos del norte: Vigo, Coruña, Santander, Bilbao.

Y los buques de guerra, Canarias[5], Almirante Cervera, Méndez Núñez y la serie de destructores tipo Alsedo o Císcar, con sus carriles deslizadores de minas en la popa, y los grandes veleros-escuela, Juan Sebastián Elcano y Galatea, cuya presencia en el puerto nutría de apuestos guardiamarinas las retinas femeninas.

Armada con mis flamantes prismáticos, mi vista se despertaba desde que una proa aparecía tras el hospital militar, y en segundos reconocía un buque antes de que toda su silueta se encuadrara tras el castillo de San Antón.

Y la infraestructura: paseos con mi padre controlando la construcción de nuevos edificios oficiales, la aduana, Junta de Obras del Puerto, pabellones de almacén. El montaje de las grúas de pluma articulada sobre sus rieles... Aquel mundo, no actor, sino espectador, inundaba mi memoria.

---

5. Comandado en un tiempo por D. Benigno González-Aller y Acebal, pariente de mi padre. Antes nos había invitado a ambos a visitar el Galatea. Nunca olvidaré el silbido ronco ante la tripulación formada, cuando nos abría paso como huéspedes del buque.

MIRADOR URBANO

Nuestra ventana en el Cantón Pequeño, que enlazaba con el Cantón Grande y luego la calle Real y el paseo de La Marina, nos colocaba como tribuna elevada sobre todo suceso público local: el anual desfile de la Victoria cada 1 de abril, bien dotado en la que era sede de Capitanía General de la VIII Región Militar; o también alguna manifestación política de protesta en nombre de España: "Franco, sí, comunismo, no"; maldiciones contra los enemigos de España (luego en los cincuenta se me grabó el nombre de Thorez); alguna visita oficial del generalísimo, con la Guardia Mora, a Capitanía o a la flota de guerra. Y las series de 21 cañonazos en honor de Su Excelencia (tocaba entonces taparse los oídos asustados).

RUNRÚN

En otro orden de cosas, digamos "casero", sonaban aires misteriosos sobre un "manifiesto" de Don Juan, hecho desde el extranjero, de lo que podía ser imprudente hablar. En esa misma época andaban por casa tiras de fotos encadenadas, como si fueran "de carnet". El rostro representado era el de Gil-Robles, y no debería saberse que estaban en casa. El niño no captaba todo, pero intuía elementos "raros". Fueron años en que la familia distinguía entre los reyes, con historias elogiosas sobre sus personas, y el despego o incluso vago desprecio hacia "paniaguados" del régimen, con sus chaquetas blancas de gobernadores o altos cargos por aquí y por allá.

Se sabía que había monárquicos, descontentos con que Franco hubiera defendido la monarquía, a la que ahora ponía dificultades. Todo esto no se detallaba, pero algo había...

FÁTIMA, COMUNISMO Y RUSIA

En estos años cobraba popularidad la historia de las apariciones de la Virgen María en Fátima. Se supone que allí se captó un mensaje celestial, confiado a tres pastorcitos. No se terminaba de concretar lo que se cree secreto, y en todo caso se "sabía" que allí se anunció la "conversión" de Rusia y, dudosamente, del comunismo (o más lógicamente su "derrota").

En el ambiente católico se repite el tema, siempre en halo misterioso, y pronto comenzará a circular por España la imagen de la Virgen de Fátima "peregrina", que atraerá masas.

Por mi parte, mientras no estaba en el colegio, solo vivía el influjo de la congregación mariana de los jesuitas en su franja infantil (los "estanislaos"), que dirigía el originalísimo padre Vicente García Martínez, alias GAR-MAR, autor del singular libro *Sugerencias*, del que aún algunos hablan hoy. Allí se formó una escolanía de música polifónica, y se proyectan películas en blanco y negro del estilo "el jinete sin cabeza" y similares. GAR-MAR me trató siempre con mucho afecto, simpatía y continuo buen humor.

OTRA VEZ 'LA SANTA'

Fue en esta época cuando me enteré de algo que muchos ya sabían: Franco estaba protegido por un brazo de santa Teresa. Lo llevaba consigo siempre y se consideraba especie de "talismán" (rara palabra nueva) que le hacía invencible. No olvidé esto, porque la santa era algo mío.

He tardado decenios en conocer la hermosa obrita *Un olor a ámbar*, hoy reeditada, de mi hoy tan amiga Concha Romero, dramaturga de historias vivas. Escenifica el descubrimiento en Alba de Tormes del cuerpo incorrupto de Teresa de Jesús, y la osadía de desmembrar un brazo luchando contra la comunidad descalza de aquel convento, según textos de la época que Concha localizó. De aquellos barros...

LA GUERRA MUNDIAL

Según avanzaban los cuarenta se multiplicaba el acceso a propagandas aliadas o del Eje. No supe quién las enviaba, pero lo miré con interés. Cosas de barcos (hundimiento del Deutschland y con ello la intervención del Canarias, secuestro del Admiral Graf Spee en el Río de la Plata...). Y también algo nuevo: la guerra aérea de unos y otros. Además de acorazados y submarinos, los dirigibles alemanes, los V-2, la familia Dornier, el legendario DO-X, los Mustang, y por el otro bando bombarderos B, el Liberator con doble fuselaje... En fin, no te cuento más. De todos venían fotos impresionantes.

MUERTES

Pasó el verano de 1945 y en la memoria una primera plana de El Ideal Gallego: "Roosevelt ha muerto". Vi la noticia, pero no recuerdo las horribles noticias posteriores sobre Hiroshima y Nagasaki. Debieron de contármelas, pero no las memoricé como lo de Roosevelt.

¿Sería la palabra "muerto"? Salvo por mi abuelo ciego y el tío Pepe, nunca había tenido que ver con muertes. En 1949 murió la abuela, pero solo recuerdo en Coruña a mi madre, que venía llorando desde el piso de al lado. Se enteró por teléfono y por primera vez vi su llanto. Solo años después pude reflexionar sobre el extraño desconcierto de un niño ante una muerte de la familia. Asaltan preguntas nuevas y raras, que nadie contesta de verdad. Además, se aleja a los niños de los ritos fúnebres, para que se enteren después por vía narrativa y edulcorada. Reflejo defensivo adulto...

Pero volviendo a la bomba atómica, me llegó después un texto sobre aquel B-29, llamado Enola Gay, presentado como el exitoso primer lanzador atómico sobre Hiroshima. No recuerdo si entonces compartí el tono heroico y triunfal de aquella historia. Lo que es hoy...

¡AL COLEGIO!

1945 marca mi primer gran cambio. Decidieron inscribirme en el Colegio de Cristo Rey, de los Hermanos Maristas de La Coruña.

Los jesuitas no tenían colegio allí. Podía ir a los jesuitas en Madrid, o interno en Vigo, pero mi padre no quería desprenderse del niño. Ya verás que luego habrá problema con esta querencia.

Al contactar mis padres al hermano director de los Maristas, este planteó una alternativa. Pedir una licencia de escolaridad que me autorizase a matricularme en ingreso de bachillerato para el curso 1945-46, durante el que cumpliría nueve años y no los obligados diez.

Otra solución, pensaron, inscribirme en ingreso 1945-46 y pasar sin examen a primero de bachillerato en 1946-47. Meses antes del fin de curso, bajaría un escalón para examinarme de ingreso y pasar a primero con una nueva promoción. Mi primero sería repetición, y eso haría fácil el cambio de curso oficial. Pensaron que, no teniendo yo experiencia escolar, la idea sería adecuada. Los demás niños habían entrado desde párvulos, que no era mi caso. Mi inexperiencia pedía atención extra.

Empecé a estudiar ingreso en octubre. Mis notas eran de siete sobre 10. No tuve problema con los otros. Luego, vuelto al primero con la promoción más joven, fui un discreto "repetidor".

NIÑO SOLITARIO SALE GANADOR

Ocurrió lo imprevisto. Desde el fin de este repetido primer curso todo resultó fácil. Fui eterno primero de la clase hasta sexto inclusive. La matrícula de honor de cada curso se adjudicaba al mejor en latín y en matemáticas. La tuve hasta quinto, cuando cambió el sistema.

Esta nueva realización escolar me acarrearía un cambio de estilo. Había sentido un miedo distante frente a la convivencia infantil: los niños se pegan, se tiran por los terraplenes, se suben por cualquier sitio... y eso no era para mí. Cuando empecé a jugar con otros niños en el parque coruñés, y se trataba siempre de policías y ladrones, juzgué reflejamente que lo mío sería la estrategia, las decisiones frente al grupo contrario. Nada de violencia, nada de pegarse. Lo mío debía estar más en la cabeza que en los puños.

Me preguntaban qué me gustaría ser de mayor, y siempre respondí que solo sabía lo que no quería: ni médico (sangre), ni militar (violencia).

Este inesperado choque con la rutina de convivencia me provocaba un giro de identidad. Había tenido miedo a todo lo que no me mandaran hacer. A partir de ahora sentía que, en estudios, saldría adelante sin problemas y sin esfuerzo. Podía seguir con ventaja el estudio programado. En eso obedecía y estudiaba todo lo que me pusieran por delante. Me gustaba aprender. Y decidía, seguro sin tener que soportar exigencias. Imaginaba que alboreaba un pacifista basado en el conocimiento.

LISTO PATOSO

En cambio, junto al éxito de estudios surgía un lastre inesperado: mi debilidad física o al menos deportiva. Fui sintiendo que esa era una discapacidad de nacimiento. Cuando venía un balón mi pie daba la patada al aire. Carecía de reflejos. Faltaba fuerza. Los ejercicios gimnásticos, en un colegio destacado en campeonatos escolares, me daban grima, viendo más tarde a mis compañeros saltar potros, plintos, paralelas... ¡Qué horror!

Viví como un patoso acomplejado. Han tenido que pasar decenios hasta que entendí que esta infancia tan "observadora" entre mayores sufrió de la falta de juego, de ejercicio físico, típico de todo niño. Creo ahora que quizá no era un infradotado, sino un ineducado físico y muscular.

Todo eso me sacaba de la fase "ranita", animalito que ya cría patas y aprende poco a poco a croar sin miedo a ser oído.

El bicho vivió, sin grandes novedades, toda su enseñanza media incluido el primer año de Derecho. Luego se sentirá rana de veras y osará hacerse oír con más reconocida autoridad hasta que cambien sus conocimientos. Rana mensajera, un día se podrá a pensar, pero esa sería la siguiente decepción.

CAPÍTULO 5

YA LA RANITA CROABA, TÍMIDA: 1945-55

Con los años he tenido que reconocer que mi imagen estudiantil de perpetuo primero me creaba problemas frente a otros. Mi ingenuidad tardó en verlo. Un profesor encargado de nuestro curso, el hermano Benjamín, observó que al venir cada quincena el hermano director para leernos las notas, ya me veían sacando la pierna para salir del pupitre antes de que dijera: "Sobresaliente, y primero, Luis Acebal...". Entonces todos los demás tenían que aplaudirme. Un rito quincenal indigesto para muchos. Además, cuando el "promedio" era un pleno 10, la revista del colegio que todos recibían ponía tu foto en lo que se llamaba "legión de honor" (destacando sobre el simple "cuadro de honor"). "Legión de honor" aludía a la condecoración francesa. Los maristas habían sido fundados en Francia por Marcelino Champagnat.

El hermano Benjamín me dejó huella. Mayor que los otros, había vivido en Argentina, sabía pensar, entendía. Después oí que era una suerte haber convivido con un "educador". Esto no solo es profesión, sino a la vez vocación. Y, si uno no sabe ni quiere educar, mejor que no tuviera hijos, ni hijas... incluso ni jefes, porque a estos también hay que saber educarlos.

Sintiéndome el primero me afirmaba cada año. Pero me surgió una incomodidad "identitaria". Empecé a camaradear con compañeros más próximos a los últimos puestos de la clase, cuyos alejados pupitres solían ocupar. Eran más callejeros (nos quedábamos fuera del colegio para entrar a clase en el último minuto) y, a mi juicio, más alegres y simpáticos. Allí podía aprender un lenguaje menos "fino", bromas sexuales, aquello de "cojones dijo la marquesa poniendo las tetas sobre la mesa". Me atreví a coquetear con una niña que estudiaba en la próxima Academia Galicia. Maruchi se llamaba. Y era algo mayor que yo.

Este cambio reflejó mi necesidad de alegría, chiste y espontaneidad. Siempre había sido alegre y ocurrente. Tanto estudio memorista, serio, tanto aprender y largar lo aprendido dejaba cierto vacío. Tras años de ser "bueno y obediente" me apetecía espontaneidad.

Resultado de aquellas novedades fue que en el segundo trimestre del segundo curso (1949) saqué un humillante promedio de 7,7. ¡Notable bajo! ¡quinto de la clase! Debí de explicar a mi padre aquel patinazo, y algún cansancio me inventaría. Él, por sorpresa, tampoco prestó atención. Mi "accidente" le interesó poco. Me pregunto qué habría significado para él un notable en sus estudios. A diferencia de su padre, nunca fue brillante.

EL CLUB NÁUTICO

Entramos en el club. Tuve carnet con mi foto, nueva experiencia de la vida. El club estaba en el muelle que cerraba la dársena pequeña pesquera, el ángulo de la avenida de la Marina, con sus blancas galerías acristaladas y la rampa que bordeaba la ciudad vieja en dirección a lo que sería el edificio-hotel construido después. De allí seguiría en leve giro la tapia del jardín de San Carlos, que recordaba al famoso Sir John Moore, muerto capitaneando tropas inglesas contra las francesas napoleónicas.

En el Real Club Náutico empecé a bañarme junto con mis hermanos y otra gente conocida. Nos sentábamos en una escalerilla de piedra, un embarcadero de cara al puerto, inserto en el muelle. Dos tramos, en medio un descansillo y abajo otro, que era ya el fin. El nivel de la marea decidía si subías a una embarcación o simplemente te tirabas al agua desde la escalera superior, o si accedías a un bote o subías desde el agua al descansillo inferior en bajamar. ¡Cómo me refocilaba subiendo y bajando, sobre todo subiendo, porque para bajar bastaba tirarse volando! De muy pequeño me pusieron un cinturón de corchos atados. Una vez "soltado", en las mañanas de sábados y domingos solo había que buscarme en el agua. Además, sobre el muelle superior, en su borde por encima de las escalerillas, había una barandilla y un poste. Desde allí podías lanzarte al vacío, ríete de las escaleras. Como un Buda sentado creabas una explosión de agua, cayendo de más o menos metros a gusto de la marea. Daba aquello enormes risas, mientras los de abajo jugaban a protestar por la salpicadura. No sé a partir de qué edad docente empecé estas orgías cetáceas. Todo el bachillerato discurrió así, y luego el primero de Derecho hasta 1955. A veces, por alguna razón, iba a una playa. Pero la arena molestaba, aburría la horizontalidad. Había que esperar avanzando hasta saltar alguna ola. ¡Nada como el mar profundo! Y, si se te pegaba una mancha de petróleo, estaban el vestuario y la ducha al salir.

Cuando era más pequeño, algún mayor, amigo de mis hermanos, me llevaba al agua y nadaba transportándome a horcajadas sobre su cuello y hombros. Uno de ellos era muy gordo. Cabalgaba sobre él con casi todo el cuerpo fuera del agua, como en un barco firme y sólido. Alguno de estos me puso mote de "foquita".

BALANDROS

Había una flota modelo Anduriña, un palo con foque, vela latina (triangular) y orza móvil. Llevaban una negra golondrina pintada sobre la vela. Era su identidad y homologación deportiva, y ahora ya sabes a qué pájaro se refiere una anduriña en gallego.

En Coruña destacaban balandros de personajes conocidos: Salorio, los Tizón, Quiroga, y más. Luego, desde Vigo, llegó una nueva moda: el Snipe, algo más pequeño que la Anduriña, pero con medidas internacionales, estándar, originadas en Estados Unidos. La clase Snipe se extendió en regatas nacionales e internacionales.

En Coruña se cedió, y durante años en la trasera del Náutico estaban fondeados las últimas Anduriñas y los nuevos Snipes.

No podíamos tener un balandro, pero José Antonio y Ricardo a veces navegaban como marineros con algún patrón amigo. Por mi parte no pude ni intentarlo. Mi padre no aceptaba riesgos.

Esta frustración desviaba mis amores por la mar. No me dejaban navegar y me orienté en plan intelectual. Estudié el libro de Nieto Antúnez *El capitán de yate.* Aprendí reglas y experiencias propias de un personaje así. Todo teoría. Supe cuáles eran las normas de tráfico marino, según vientos y amuras: leyes del pilotaje de vela, cómo ir orzando en las ceñidas, templar el timón según el viento, definir la prioridad en el viraje ante una boya. Todo el vocabulario naval específico, los nudos marineros, etc.

Privado de práctica me refugiaba en la doctrina, solo por aprender. Había entendido en los libros de Salgari que un velero era libre para navegar en cualesquiera direcciones, solo zigzagueando si buscaba pilotar descaradamente contra el viento. Un patrón debía saber dónde y cómo las brisas dejan huella en las olas, en el rizado de superficies más lisas del agua marina. En todos lugares brillan los "olfatos" de pilotos expertos, su omnímoda libertad para saber "marear" a los vientos. Pero todo teoría. Nunca pude navegar. No me dejaron.

LA MUJER SUICIDA

Como socio del club podía pedir que me reservaran un bote de remos para moverme por allí. Solía pedir el n.º 4, más corto y ancho.

Iba solo, remando por los alrededores, cuando vi un grupo de personas, que gritaban arriba sobre el muelle. Había marea baja. Por sus gritos y gestos descubrí que cerca del muro alguien se debatía en el agua. Era una mujer, relativamente mayor.

Entonces pensé que habría caído al mar y le acerqué mi bote. Pero ella me gritaba que la dejara. Quería morir. Pesaba mucho, vestida dentro del agua. Pretendí asirla por sus brazos. ¡Y asía, hercúlea, la borda del bote! Gritándome que la soltara, se agarraba más. Remé arrastrándola como pude para ir acercando al muelle su cuerpo colgante del costado de mi lanchita. Varias personas bajaban por la escalerilla. Cuando la hube aproximado lo suficiente la tomaron por los brazos llevándola para arriba.

Experiencia inolvidable para un paseo adolescente: ¡fuerza de vida contra deseo de muerte! Instinto vital sobre experiencia trágica; profunda contradicción en el mismo ser. ¿Es así la humanidad real?

¿Qué pensaría la mente "salvada" por un niño desconocido? ¿Volvería a desearse invadida por una líquida infinitud, salada e indigesta?

Todos leemos sobre suicidios. El terror infantil de sentirse acosado; o el criminal que no soporta remordimientos; o mil situaciones más... Conocí una vez dos amigas: una lo intentó con pastillas; la otra pudo detenerla a tiempo. Sendas diferentes para una misma amistad.

Han pasado decenios para aclararme. Ahora sé qué es una libre y madura decisión para concluir una vida cumplida. Cerrar la propia misión sin huir de nada, sin dejarse devorar por sentimientos, saber ejercer el derecho de la persona sobre su cuerpo. Cómo he llegado a la sana convicción proeutanasia es cosa que podré explicar.

1947, REFERÉNDUM EN CORUÑA

"Villa Teresita" ya no se alquilaba en 1947. Buscaron a la abuela un chalé en la Ciudad Jardín de La Coruña. ¡Otro veraneo entero en el agua! En ese verano Franco convocó un referéndum para elegir "monarquía o república". Allí fue la abuela a votar, y con ella toda la familia. Se sabía quién tenía que ganar, y que luego la aplastante victoria de la monarquía no se ejecutaría. Un gigante de papel...

1948, ABUELA Y ÁVILA OTRA VEZ

El septiembre en Ávila retornó. Así volvimos al paseo de San Roque, nuevo alquiler.

Ese mes la abuela me pidió que la acompañase a visitar a su amiga María Albornoz. Se accedía como a una especie de entreplanta. Una escalera corta, y arriba la estancia donde estaba la amiga. Nunca había visto tantísimos libros juntos, estanterías por doquier, y a tope. La verdad es que nadie conocido, y desde luego no de mi familia, había agrupado tal cantidad de libros. Mi abuela parecía tratar a su amiga con gran afecto, como si se conocieran de siempre. Pero la amiga estaba emocionada, hablaba de alguien con gran sentimiento; alguien, quizá su hijo. Debió de encontrarse en una situación muy particular, había salido, pienso que huido. Y María Albornoz relataba como algo dramático que había recibido de él un telegrama desde Perpiñán. Nunca había oído ni leído el nombre de esa ciudad, que deducía que era de Francia, o al menos del extranjero.

Pasaron los años y supe que Nicolás Sánchez-Albornoz había huido del Valle de Los Caídos el 8 de agosto de 1948. Mi abuela tenía la costumbre de apelar a sus amigas por los apellidos de sus maridos. Y habiendo sido ella tan próxima de los Moret, nada de particular que se conocieran ella y los Sánchez-Albornoz. Pude saber después quién era aquel hijo tan querido que puso el telegrama desde, ahora ya lo sé, Perpignan. Y también que D. Claudio era abulense. Todo encajó.

Cuando Nicolás volvió, años después, renuncié a contactarle y relatar cómo había conocido a su madre. Me parecía una oficiosidad gratuita el contarle lo que él ya sabía.

Otro recuerdo del paseo de San Roque es de mi hermano Alfonso. Venía de un campamento de milicias universitarias o algo parecido. Llegó en una moto DKW, de la que estaba orgulloso. Guardo una foto de mis 11 años, sentado sobre la moto con mis manos sobre el manillar. Él me subió. También me mostró que tenía algo muy valioso: su insignia de alférez excombatiente. "¡Qué bobada!", pensé, guardando mi distancia frente a lo militar. No sé cómo he guardado aquel sentimiento.

Fue mi último verano en Ávila con la abuela, que falleció en Madrid meses más tarde.

ENTREMESES MANUALES Y PRÁCTICOS

Tengo recuerdos de artesanía y trabajo manual. Por un lado, mi hermano Ricardo era el "manitas" de la casa. Su apogeo: el montaje del nacimiento en torno a la Navidad.

Por Reyes llegaban grandes regalos a mis zapatos, y a mis hermanos solo 100 pesetas. Me interesaba mostrar una febril creencia en los Magos. Un día, mientras Isabel me acompañaba al colegio, un compañero se unió. Hablé con él (ante Isabel) sobre los Reyes Magos. Él iba de listo: no hay Reyes, son los padres. Muy cínico le discutí. Isabel relataría que yo seguía creyendo eso. ¡Inocente! Éxito de imagen "comercial". Por sorpresa me dijeron que el padre GAR-MAR quería verme.

Me recibió afectuoso... y hubo un apagón, cosa frecuente. Fingí en la oscuridad una risa sin voz. ¡GAR-MAR iba a decirme quiénes son los Reyes! Así fue. Acepté la explicación sin fingir sorpresa. ¡Había inaugurado mi afición teatral! Así era la incomunicación interna en las familias burguesitas de nuestra época. Silencio no solo de sexo, sino de todo lo íntimo y personal de niños y jóvenes, sobre la vida interior de cada uno. Criaban seres solitarios en brazos de otros...

Fuera de las Navidades también nos entreteníamos con aficiones manuales. Jugábamos un fútbol casero con equipos de 11 chapas de bebida, un botón como balón y porterías pintadas en el suelo.

Otra mediocre artesanía mía: con cajas de puros fabricaba burdas y minúsculas maquetas de barcos. Dibujaba la planta del casco y lo cortaba con sierra "de pelo". Todo pequeñito, superponiendo dos o tres tablitas, que adhería con alfileres o pegamento. Si había que reforzar la proa, pegaba un saliente. Lo mismo el puente y mínima obra muerta, pues una caja daba para más de un barco. Les ponía nombres, usando perfiles dibujados en el libro *What Ship is That?* Resultados muy pobres. De allí saqué mi complejo de más manazas que manitas. Pero algo me divertía.

Nada de calculadoras o maquinitas. Inventábamos todo "a pedal".

A PESCAR

Allá por 1946 o 1947 apareció en Coruña mi hermano Ricardo, para un semestre de prácticas de alférez después de sus campamentos de verano en milicias universitarias. Se había hecho ingeniero industrial y le tocó artillería de costa en el Monte de San Pedro.

En sus horas libres salía a pescar, y yo le acompañaba. Íbamos en bote de remo hacia el castillo de San Antón, y pronto nos atrevimos a rodearlo y fondear al otro lado en lugares de poca profundidad. Tirábamos líneas con cebos y había peces que picaban, panchos y fanecas. Los llevábamos luego a casa, Isabel los freía y cenábamos pescado todos. Devolvíamos al agua los más insignificantes. Otros tenían boquita para mordisquearnos el cebo y dejar un anzuelo vacío.

Más llamativa era la pesca del calamar. Un experto montó poteras de plomo, cilíndricas y panzudas a cierta altura, que el peso mantenía verticales en el agua. Debajo de la potera, ganchos metálicos con puntas dobladas hacia arriba servirían para atrapar al calamar curioso y juguetón que descendiera abrazado a la liña[6] plástica. Cuando dabas el tirón quedaba enganchado el animal.

Ahorro la descripción emocionante de esta pesca, incluido el chorro de tinta negra cuando el bicho emerge del agua. Puedes estar leyendo esto con tu repugnancia frente a esas prácticas lesivas de lo que hoy se llama "bienestar animal". Pero he de ser sincero y contarte que a los chicos de mi generación no se les había formado la menor mentalidad sobre el sufrimiento de los animales. Nos enseñaron a verlos como objetos, no solo de caza, sino también de diversión sádica, no oculto el adjetivo. Los niños podíamos jugar arrancando las patas a una mosca, o a cualquier insecto, lagarto o batracio. No solo era ver cómo Isabel, cuchillo en mano, mataba un pollo, por ejemplo, sino el hecho de la "matanza" como verdadero rito antropológico, de reconocido peso en la cultura popular.

6. Los gallegos decían "liña", más usada en Canarias. Es el hilo con que se pesca a mano desde un barco.

Los niños hacíamos a los animales cosas que hoy no haríamos, y nos contábamos orgullosos esos supuestos "éxitos". Curioso, en cambio, que en nuestras familias no se nos permitiera asistir a corridas de toros, aunque ello no impedía que existieran ritos folclóricos donde el trato cruel a un animal, toro, cabra o gallo constituía una atracción social. Hay sitios donde la fiesta anual de un pueblo pierde su brillo cuando renuncian a estas prácticas.

Había términos alternativos: "persona, animal o cosa". Un animal era "cosa". También parecía negativa y despreciable la animalidad humana. El cuerpo era material (cosa), el hombre, espiritual. El animal es objeto de propiedad, se come y se caza. Y, si el hombre es animal, de eso no se habla. El cuerpo tenía algo de "cosa". Así nos educaron, con el acuerdo de Dios.

FAMILIA, ARTE

Tenía más de 30 años cuando puse pie en el Museo del Prado. Mi hermano José Antonio, el más "generalista cultural" de la familia, me llevó un día a ver los frescos de Goya en San Antonio de la Florida. Muy nuevo para mí. Ni la pintura ni la arquitectura habían ocupado mi mente en casa o el colegio. Con José Antonio me entendía muy bien. Al preparar él su oposición a la carrera diplomática, le "tomaba" sus tesis de historia de España, sobre todo siglo XIX, que había aprendido el curso anterior en el colegio. Y también de historia europea, donde me enteraba de cosas. Brillante como era, ingresó en la Escuela Diplomática.

El único arte conocido en mi casa era la música. Mi madre había terminado siete años de piano. En Coruña compraron uno. Ella tocaba y mis oídos captaban piezas desconocidas. Beethoven, Chopin (¡la Gran Polonesa! ¡la *fantasía-impromptu*, el mayor desafío!).

Nos habíamos asociado a la Filarmónica de La Coruña y me llevaban a los conciertos. Fui adecuando mis gustos. Pasaban orquestas y músicos virtuosos. Fui asimilando el repertorio de la época: Beethoven, Grieg, Dvořák, Haydn, Mozart, Tchaikovski,

Smetana, Brahms y también Granados, Falla, etc. Mis padres hablaban de Wagner. Desde los años veinte estuvieron abonados al Teatro Real de Madrid. Luego escuchábamos por radio los festivales de Bayreuth. Cada ópera duraba horas. Para programar su cocina Isabel inquiría: "¿Tocan hoy los gritos esos?".

Pero sobre música quedaban graves ignorancias y peor, prejuicios. Doctrina casera era el desprecio del flamenco. Me lo mostraban como la queja de alguien enfermo de estómago, o similar. Todo envuelto en un sentido de superioridad sobre lo popular. Desprecio hacia la gente "de pueblo". Y me había criado en eso, en la cultura señoritinga con sus costumbres e intereses. Volveré de nuevo sobre ello en el capítulo "ceguera".

EL TEATRO

En cursos avanzados hicimos concursos de declamación. Un líder teatral, vinculado al ayuntamiento, Luis Iglesias de Souza, dirigía un grupo llamado "La Farándula". Programaba lecturas públicas. Era teatro leído por actores, libro en mano. Lo llamaron "radioteatro".

Luis era "formador". Algunos discípulos acabaron en puestos de doblaje. Y vio que en nuestro colegio habría "cantera". La Farándula se había especializado además en representaciones de obras clásicas, y mejor sacramentales en Compostela. Usaban decorados, diseñados por un arquitecto municipal de Coruña, y escenarios públicos, donde destacaba la plaza de la Quintana, aneja a la catedral de Santiago, con su escalinata como escenario natural.

Luis Iglesias empezó a trabajar con alumnos del colegio, en obras leídas en el ayuntamiento, y también en nuevas ocasiones. La primera cuando D. Fernando Quiroga fue investido cardenal (arzobispo de Santiago). Se le homenajeó representando una obra conocida, en el Teatro Colón de Coruña, una adaptación teatral sin féminas: *El pequeño lord.* Los protagonistas, todos del colegio, uno Álvaro Nieto y otro yo, como Mister Hobbs, viejo simpático, ambos con pelucas que fingían calvicie. Todos los colegios y familias de Coruña estuvieron invitados.

Tras el éxito, en el mismo teatro representamos el auto de Calderón, *¿Quién hallará mujer fuerte?*, inspirado en la hazaña bíblica de Judith.

Desde entonces me incorporé, según conveniencias de reparto, a las lecturas en el ayuntamiento. Me reconocieron como el cómico del equipo. Y así "el labrador", de El Gran Teatro del Mundo, en Santiago de Compostela. En mis mutis disfrutaba el aplauso del público.

Poco después, año santo compostelano de 1954, era "el abanderado" del colegio. Peregriné a pie con varios compañeros por carretera desde Coruña a Santiago, vestidos con túnica y concha de peregrino. Allí, en la catedral, "botafumeiro" en marcha, presenté al Apóstol el pregón en nombre de los colegios maristas de Galicia.

Acabando mi bachillerato, apareció en los jesuitas, como director de la congregación mariana de jóvenes, el eficaz P. Oña. Ejecutaba lo que se proponía, sin la menor perdiz que marear. Allí entonces surgió Juan Manuel García Puga, proyectando actos públicos para cuaresma. Era común en el tiempo penitencial católico no fumar, ni ir al cine.

Planificamos un programa semanal de textos literarios. La primera estrella fue leer y recitar poemas de un libro de Ramón Cué dedicado a la Semana Santa de Sevilla. Cué era poeta de verso fácil y sonoro, especie de Pemán más popular, mundo de pasos, costaleros, saetas, y a la de lo ético, reflexivo y formativo que sonaba en Coruña como encantadoramente exótico. Se ganaba al público joven.

Luego otro proyecto mayor: una fuerte obra de teatro, *El gran cardenal* (Mindscenti). Muy conocida cuando surgió la revuelta católica en Hungría. La dirigía un tal Guisán. Mi personaje era Petrovic, católico hombre de negocios. Sufrí en el ensayo, pues vi que no me hacía con el papel. Así lo vio la dirección.

Fue una alegría, porque a pesar de todo pude entrar en el personaje. Cuando salí de escena, Acea, viejo maquillador, lloraba emocionado. Guisán me abrazó sorprendido al final. Capté que es posible patinar a vueltas, perforando un personaje en 100 ensayos, y apropiártelo por dentro al final. Me fui orientando hacia hombres maduros con cierta pacífica ternura; y a perfil "cómico" humano: sonrisa, más que chiste.

Hubo diversas "batallitas". Una vez de actor en la Universidad de Lovaina hice de Odoacro en la famosa *Rómulo el Grande*, de Dürrenmatt. Un juego divertido.

De tales gags nacía el poder hablar en público, medir la expresión. Nunca olvidé que las primeras veces sentía síntomas de diarrea antes de intervenir. Así somos, si no nos entrenamos...

FINAL DE BACHILLERATO Y DEMÁS

Acercándome al fin, mi bachillerato sufrió un accidente "ministerial". En 1954, un pasajero ministro de Educación decidió crear un curso introductorio para la entrada en la universidad. Debió de temer que su mandato no durara e inventó que quienes acabábamos sexto pasáramos en diciembre una reválida de "nuestro bachillerato". Y, luego, de enero a junio, inauguraríamos un nuevo "curso preuniversitario", mal programado por cierto, con opciones por ciencias o letras. Estaba en su derecho, pero el Plan de 1938 que seguíamos tenía siete años y no seis. Quitar el séptimo te dejaba sin los platos fuertes de matemáticas, cálculo diferencial, derivadas, estadística... Total que se "cargaba" un año importante del plan introduciendo el repaso hasta sexto, nada nuevo, y un programa difuso de "preuniversitario" donde redactarías el resumen de una charla o cosas así de simples.

Bien que he lamentado ese corte del séptimo en mi vida profesional, sobre todo por mi ignorancia de las bases de estadística. ¿Para qué servía ser el eterno primero de clase en un curso suprimido?

Pasé la tonta reválida en diciembre. Luego preparé el semestre para el nuevo preuniversitario. Me inscribí en ciencias. Y en Santiago me presenté solo en letras, sin necesitar preparación especial. Intervino el influjo de mi hermano José Antonio, que aconsejaba que hiciera simultáneamente Derecho y Ciencias Económicas en la universidad. De Económicas solo había una facultad, recientemente creada en Madrid.

Pero mi padre se negaba a que el pequeño fuera a Madrid. Debía quedarme en Coruña, que no tenía universidad. Un fiscal de la Audiencia daba clases particulares de Derecho. Me junté con un grupito. Una chica muy lista y tres compañeros de mi curso en los Maristas. Chapucera entrada en la universidad.

Me presenté por libre en la Facultad de Derecho de Oviedo. De las cinco asignaturas me dieron dos sobresalientes y tres matrículas de honor. Recuerdo haber pasado en vela la noche anterior a los exámenes. Tomábamos una droguichuela a este efecto, creo que se llamaba "simpatina" o algo similar. La enseñanza seguía centrada en el memorismo y este hábito tenía su sentido.

El derecho romano me daba idea de qué cosa es el derecho, secreto todavía poco compartido en nuestra modernísima sociedad. La historia del derecho español no era muy complicada. Nos enteramos del "derecho de pernada", aspecto picante... El derecho natural, todo católico.

Así entraba, cumplidos mis 18, en el verano de 1955. De todo me interesó el entonces llamado "derecho político", nombre hábil para hurtar cualquier referencia a una Constitución. Texto de Torcuato Fernández-Miranda. Examen oral su asistente Zulaica.

En el manual de Político encontré cosas ignoradas anteriormente: la teoría de Pareto sobre las élites y una larga serie de citas de José Ortega y Gasset. Notable altura de estilo lingüístico y rica mezcla de ideas de filosofía, política y sociedad. Fascinante. Bebí como nuevos dogmas cosas que luego para mí han sido frutos de inteligente elitismo. La vida como realidad radical, tratada como rasgo típico de la mente española, quedó entonces grabada en mí. Entonces era inviable pensar al margen de ciertas influencias.

PROBLEMA PATERNO Y DECISIÓN

Este inicio enriquecedor en primer curso de Derecho resultaba inseparable de otro problema: el cierre de mi salida a la universidad. Mi educación había comenzado sin apoyo institucional, en casa hasta los ocho años. Ahora mi horizonte era: "Los estudios superiores se hacen en casa hasta no se sabe cuándo".

Hice una semana de ejercicios espirituales con el P. Oña. Allí decidí entregar mi vida a la fe religiosa en la Compañía de Jesús.

Solicité el ingreso sin decir nada a mis padres. Estábamos en verano de 1955 en la casa de Somió cuando recibí la admisión escrita. Me pedían un juego de sábanas y una limosna para el traje religioso. Sorprendentemente, la Compañía de Jesús no pedía dinero, sino libre entrega de la persona.

Mi madre lo consideró como una bendición de Dios. Extrañada, me comentó que mi piadoso padre inicialmente había pensado oponerse a mi plan.

El 8 de septiembre de aquel 1955 ingresé en el noviciado de los jesuitas en Salamanca.

"Si alguno quiere seguirme, deje a su familia".

CAPÍTULO 6

LA RANA ILUSIONADA, 1955-1963

Me ves ya en Salamanca, como novicio, recién admitido en la Compañía de Jesús: un nuevo horizonte vital. La decisión incluía: seguimiento de Cristo e ideal de conversión propia y para el mundo. Escribí una divisa o eslogan personal sobre mis cartas: "¿Quién como Dios?". El grito del ángel Luzbel, el "anti-Lucifer". Al fondo: devoción a la Virgen María, pureza. A ella me había prometido en solitario en la Iglesia de los Jesuitas de Coruña.

Iniciaba mi primera etapa "ilusionada" como jesuita. Llegaría hasta 1963, cuando aterricé como profesorcillo en el Seminario Menor anejo a la Universidad de Comillas (Santander). Allí ejerceré como oficial responsable de un grupo de adolescentes y jóvenes, dotados de una supuesta vocación sacerdotal. La autoridad sobre formación de seres humanos me hará algo más realista. De momento vivo en ingenua ilusión.

Necesitaba mayor madurez, acopiar un fondo coherente que transmitir como persona. La rana croará con miedo descendente, más manejable. Los "descubrimientos" vendrán después, como verás.

Vuelvo ahora al septiembre de 1955. El noviciado (dos años) era un departamento o comunidad interna bien definida dentro del Colegio de San Estanislao. Este abarcaba además el juniorado, donde se integraban los novicios que hubieran terminado pronunciando los tres votos solemnes de pobreza, castidad y obediencia. Allí se estudiaban humanidades latinas y griegas, elocuencia (también en latín), redacción literaria, algo de arte y otros detalles. Latín y griego se anticipaban como secundarios ya en el noviciado, donde también aprendíamos mecanografía (¡con diez deditos!).

Un tercer departamento lo formaban tercerones, jesuitas ya ordenados sacerdotes, que terminaban su formación jesuítica (de 14 a 16 cursos académicos). Allí realizaban de nuevo el mes de ejercicios espirituales de san Ignacio, antes de renovar sus últimos votos, sin perjuicio de un posible doctorado posterior.

Aquellas distintas comunidades, noviciado, juniorado y terceronado coexistían diferenciadas. Sus grupos no trataban entre sí, salvo en los días de fiesta religiosa, en que "había fusión".

Estas descripciones puedan resultar aburridas, pero el complejo sistema de formación de jesuitas había dado que hablar en los últimos cinco siglos, despertando ciegas admiraciones o aceradas críticas, no siempre documentadas. Mostraré cómo se adoptó en mi caso.

Mi primera anécdota de novicio versa sobre el reloj Certina que traía en mi muñeca. Dirigían el noviciado un "padre maestro" y un ayudante, denominado "socio". Visité a este y dije que deseaba ceder mi reloj, ya no recuerdo a quién. Lo inolvidable fue la respuesta: "Vas a practicar el voto de pobreza y no podrás disponer de algo como tuyo propio". Allí se quedó el reloj. ¡Aquello iba en serio! Luego vino el plato fuerte sin aperitivo: el mes de ejercicios espirituales de san Ignacio, que resumo a continuación:

Todos aislados durante cuatro semanas, con un único día entre cada una de ellas para poder hablarnos entre novicios. Horas sin fin de meditación sobre el texto del libro original de san Ignacio, presentado por el padre maestro, misa y horas de oración particular de cada uno, práctica de penitencias físicas (cilicio diario, autoazotamientos con el manojo de "disciplinas", estas cuatro veces por semana). Accesos periódicos a la "cuenta de conciencia" con el padre maestro, silencio total en el refectorio y en general.

El libro comenzaba considerando al hombre y su misión de alabar y servir a Dios. Prescribía un profundo examen de conciencia de los pecados cometidos, así como la necesidad de ser indiferente a cualquier apego entre riqueza-pobreza, salud-enfermedad, quitando todo obstáculo personal al servicio de Dios.

Seguía la parte dedicada a contemplar la fuerza de Dios encarnado y resucitado y la necesaria adhesión a su bandera, superior a la de toda realeza terrenal.

A esta altura era crucial decidir sobre la vida de cada uno. El culmen está en el grado de humildad que se proponga uno ejercer. Óptimo es el tercero: preferir "más pobreza con Cristo pobre, que riqueza; oprobios con Cristo que honores; antes ser estimado por vano y loco por Cristo [...], que por sabio ni prudente en este mundo". El gran refuerzo es la detenida contemplación de los misterios de la vida del Señor. Y, para terminar, una "contemplación para alcanzar amor", más en obras que en palabras.

El libro incluye apéndices variados como las "reglas para ordenarse en el comer", la disposición personal a someterse periódicamente a un "ejercicio de modestia" donde, de espaldas a la comunidad, el novicio oirá las observaciones críticas que cualquiera le dirija sobre sus comportamientos, palabras, gestos, etc. Todo además en consonancia con las "reglas de la modestia" que todo jesuita debe practicar en su conducta habitual, "gesto que refleje madurez, leve movimiento de la cabeza, mirada recogida, expresión de alegría más que tristeza, limpieza del vestido, manos tranquilas, caminar moderado"...

Terminados los ejercicios cada uno de nosotros tomó una decisión definitiva sobre su vida futura. Alguno se fue a otra trinchera. La mayoría, entre los que me incluía, asumió el desafío. Lo viví con toda intensidad y deseo de mi entrega a una misión. No me he arrepentido nunca de ello. Pero si uno no se lo cree, yo mismo dije "sí" una vez para decir después otra cosa, aunque con un objetivo similar. Luego se entenderá, cuando hable de mis experiencias y descubrimientos hasta la última vejez.

Puede que resulten llamativas las exigencias explícitas del sistema. Trata de formar personas decididas a cumplir una misión integrada, en un grupo organizado, con espíritu de obediencia militar.

El noviciado preveía una serie de "pruebas": visitas a hospitales, peregrinación en grupos de tres mendigando, "lugares" (limpieza de baños), responsabilidades (control minucioso de la distribución de los horarios de la comunidad). Existía además la sesión de "ejercicio de modestia" por la que pasaba cada uno por turnos, arrodillándose de espaldas a los demás novicios, que podían y debían decir públicamente todos los comportamientos negativos que hubieran apreciado en tu carácter o conductas. Subsistían las penitencias físicas. Y, por último, horas silenciosas de oración, generalmente en posición arrodillada.

Los detalles de estas formas de comportamiento, la "modestia", pueden resultar chocantes. Naturalmente, los jesuitas de a pie no siempre observan esas reglas con tanto rigor. Reflejaban modos cortesanos, la idea de san Ignacio de cambiar el mundo desde ámbitos del poder establecido. Por eso tantos fueron confesores de reyes, autoridad decisiva, junto con la de los papas, al final de la Edad Media. ¿Pensaron que el mundo se mejora desde arriba? Sin perjuicio de que, si se hacían "incómodos", disgustaran al poder.

Hay algún instituto seglar, también muy cercano a los ambientes del poder, que puede cojear del mismo pie. El mundo se cambia. No desde el alto mando, sino desde las conciencias de la gente, y esto se ignoraba en el siglo XVI y más tarde.

De hecho, llegaron otras experiencias. Los jesuitas Rizzi y De Nobili penetraron en China y accedieron con prestigio al proyecto de formular el cristianismo en aquella cultura, pero el poder romano, incluso el interno, los obligó a retirarse.

Los jesuitas españoles ayudaron al desarrollo de comunidades indígenas en América Latina, llamadas "reducciones" con una plena autoorganización en varios lugares, no solo en Paraguay. Se indignaban por ello los colonos y los negreros españoles y portugueses, viendo debilitada su explotación. Consiguieron quebrar a la monarquía católica y Carlos III decretó, en 1767, con anuencia pontificia, la prohibición de la Compañía de Jesús e incautación de su patrimonio. Solo algunos jesuitas persistieron en Rusia, fuera de control occidental, hasta que la orden fue restablecida ("resucitada") en la misma Iglesia católica por el papa en 1814. Se diría que, cada vez que intentaban actuaciones sensatas, la autoridad romana les aplicaba su firme freno de mano.

Volveré sobre estos asuntos, pero, dentro del enfoque de este capítulo, necesito aclarar la ausencia casi total de información que padecíamos cuando yo ingresé. Solo conocíamos parcialmente lo oficial de una dictadura, aceptada por la Iglesia española y papal. He sentido a menudo que, durante una serie de años de vida conventual, no supe lo que ocurría en España. Más tarde me citaban personas y lugares comunes de la época y tenía que responder "entonces yo no vivía aquí". Diría que no volví hasta los avanzados años sesenta (que abordaré en el capítulo siguiente).

Como no hay mal que por bien no venga, pienso que mi hambre de buscar en nuestra historia se agudizó por aquel ayuno informativo.

Terminados los dos años de noviciado, formulé públicamente los tres votos solemnes de pobreza, castidad y obediencia. Arrancaba la primera etapa de mi formación.

'RETÓRICA'

Así se llamaba en lenguaje escolástico. Traía estudios clásicos y era equivalente funcional de los años "comunes" de Filosofía y Letras.

El componente clásico presuponía formación en latín y griego. El primero era de uso obligado en nuestras conversaciones particulares. Ya en el noviciado se habían iniciado clases, y los que venían de la "escuela apostólica", niños de pueblos sin instituto, que pensaban ser jesuitas, ya habían estudiado lenguas antiguas. Vieron que, por haber estudiado bien mi bachillerato, mi latín era equiparable al de ellos. En griego yo andaba bastante cojo. Sin embargo, me hicieron saltar un año, y pasé directo al primero de retórica.

Allí se estudiaba y se practicaba elocuencia, "arte de la persuasión" por escrito y ejercicios orales en el comedor de la comunidad, algunos en latín. Cada intervención debía tener definido un público objetivo, así como el contenido ordenado del mensaje y su finalidad para lograr la influencia buscada sobre el auditorio.

En todos los almuerzos y cenas, si no intervenía un ejercicio práctico, se leía en público. Recuerdo la lectura de *España, un enigma histórico* de Claudio Sánchez Albornoz. Solo muchos años después descubrí la existencia de Américo Castro.

Se estudiaba poética latina, arte y, por supuesto, literatura y redacción literaria. Allí pude leer a poetas admitidos. Destacaba la Generación del 27, sobre todo Gerardo Diego y Dámaso Alonso. Los estudié e imité como pude. Lorca y otros ni se mencionaban.

Tendría uno que poseer una voz de carraca para que no se le adjudicara un lugar en una de las cuatro secciones del coro que adornaba las fiestas en el anejo templo el Milagro de San José, lo que incluía nociones de lectura de partitura. Y me enteré de que era barítono.

Se estrenó una novedad: la "casa francesa", un curso intensivo de francés aprovechando el mes de agosto, de vacaciones en La Guardia (A Guarda), desembocadura del Miño. Los profesores eran jesuitas franceses o belgas. En el segundo año fui designado ayudante. Luego acabó mi estancia en Salamanca.

FILOSOFÍA

El plan de estudios contemplaba tres cursos en la Universidad Pontificia de Comillas en Santander.

Los estudiantes jesuitas vivíamos en el Colegio Máximo anejo a la universidad. Éramos una comunidad separada, con su propio rector. En la universidad había seminaristas, un seminario menor (correspondiente a las edades previas a la de bachillerato, donde se enseñaba gramática y luego retórica, hasta los 17 años). Más adelante, habría tres facultades: Filosofía, Teología y Derecho Canónico.

Los jesuitas entrábamos en Filosofía con 22-23 años, mientras los seminaristas con 17-18. La heterogeneidad repercutía en organización para negar la comunicación habitual entre ambos grupos. De nuevo podía haber "fusión" en algunas fiestas o partidos de fútbol. Es más, en el aula, los jesuitas nos sentábamos en las últimas filas. Veíamos los cogotes de los seminaristas, pero estos no nos veían. En aquellos años no se vislumbraba una "sociedad sin clases".

En algún momento académico se tenía una disputa filosófica según la escolástica medieval. Cada año teníamos un par de estas disputas, siempre protagonizadas por dos estudiantes, uno seminarista y otro jesuita, designados por el profesor. Por periodicidad las disputas eran "mensuales". En los dos años míos fui una vez "mensualista". Mi contrincante, Andrés Torres, hoy conocido teólogo, debía defender que "el mal consiste en una negación" (se entiende que del bien), mientras que yo debía contraargumentar que consiste en algo positivo. En ortodoxia, su tesis debía salir vencedora. El quid estaba en ver con cuántos argumentos y distingos se resistía objetando el condenado a perdedor, que era yo. Perdí, aun pensando que la maldad puede tener un contenido objetivo positivo. Se suponía perdedor al jesuita, ¿generosidad?, o, quizá, se le suponía superior en humildad. En "humor negro" español, algún día se llamaba a un burro "mensualista".

En el segundo curso atravesé una etapa de sensibilidad poética. El padre director de la revista *Humanidades* estuvo de acuerdo en publicarme diez poemas breves. Reproduzco uno, que luego fue celebrado por algunos de mis futuros alumnos en Comillas:

> Orad a Dios en caridad
> por el alma del niño Luisito Acebal.
> Que en una tarde de agosto se ahogó de risa entre dos olas.
> Ahora su piel es blandísima
> y se alimenta de algas,
> porque tienen mucho yodo.
> A las doce y veinticinco todos los curas del mundo dirán un
> responso azul
> sobre la playa.

La publicación fue criticada por mi protagonismo, desde la más estricta observancia comillesa. Destacó un profesor de filosofía, que encontró ridículo el adjetivo del responso "azul". Casi nadie comentó nada, hasta que aterricé de profesor en el Seminario Menor y el texto llamó la divertida atención de algunos alumnos míos. Alguno se lo sabía de memoria y me lo comentaba riendo.

Terminé dos cursos. Luego se me concedió una beca para estudiar en Baviera, y el padre rector decidió que con el mismo parné podríamos viajar dos a la facultad de los jesuitas alemanes en Pullach (un barrio de Múnich). Nos tocó a Pepe Vilariño, connovicio muy amigo, y a mí. Tras un brevísimo cursillo acelerado de alemán, tomamos un tren rumbo a lo desconocido. Pasaríamos allí el tercer y último curso de Filosofía para cerrar la licenciatura. Era nuestra primera salida al extranjero.

ALEMANIA

Para el mismo curso 1961-62, llegamos ocho españoles, todos nuevos. Dos para el primer curso, dos al segundo, cuatro al tercero. Los ocho hablábamos latín mejor que los profesores. Los germanoparlantes eran más laxos en su uso. Eso sí, todos los libros de texto eran en latín. El rector era húngaro. Usaba mal los géneros en alemán. Su mote era "das Rektor" ("lo" rector).

Aparte de tartajear y adquirir hábitos elementales, incluido el comer, tuve que empezar eligiendo tema de trabajo de licenciatura con un profesor que pudiera supervisarlo en castellano. Me atraía el hacerlo sobre Kant. Para eso estaba allí un filósofo conocido, Johannes Babptist Lotz.

En Comillas un profesor (de Teoría del Conocimiento y Epistemología), famoso por sus *boutades*, había dicho de la *Crítica de la razón pura* que ni los alemanes la entendían. Tenían que leer la traducción francesa para enterarse. Recordé aquella "salida" y busqué en la inmensa biblioteca Ludwig-Maximilian de Múnich una versión francesa. Allí no existía Kant en francés.

Propuse a Lotz un tema, que para mi sorpresa aceptó, sobre "la cosa en sí" (*das Ding an sich*) en el pensamiento kantiano. Lotz me dio alguna orientación bibliográfica elemental al notar mi pobreza en alemán. Había traído de España la traducción de Julián Besteiro[7] pero, acomplejado, confié en el rumor de que Lotz solía dar a cada tesina la misma nota que el interesado obtuviera ante el tribunal de licenciatura.

De ahí que luego no guardara la tesina. He consultado después con un amigo especialista, que me da razón en cuanto al mal encaje de "la cosa en sí" en la *Crítica de la razón pura*. Otra cosa parece ser que ese concepto tenga parentescos en la razón práctica y en el imperativo categórico. Pero hoy, dicho en plata, solo lo puedo explicar como acomplejamiento e ignorancia, ojalá medianamente docta, el haber tirado a la basura mi tesina de Filosofía.

Saqué por fin la licenciatura tras un examen ante un tribunal de cuatro profesores. Paso abierto para mi siguiente etapa.

Pero necesito relatar un par de experiencias, que me removieron más profundamente aquel año.

Lo primero fue mi visita a lo que se conservaba del campo de concentración de Dachau, cerca de Múnich. Era el primer campo de concentración decidido por el canciller Hitler, casi en el mismo momento de recibir la plenitud de poder en la ley. Algunos colegas me recomendaron visitarlo.

Solo la vista fue escalofriante. No puedo olvidar la sensación al meter a fondo mi brazo derecho por la puerta abierta de un horno crematorio. Era el más siniestro *hardware* que he podido imaginar.

Recuerdo también recuadros sobre experimentos médicos que se emprendían en el campo. Este proyecto fue iniciativa de Himmler. Daba datos de personal militar sometido a variables extremas, donde se calculaban los tiempos de resistencia física que alcanzaban las personas-cobaya. Otras experiencias "médicas", como esterilizaciones masivas de judíos, gitanos, socialistas o comunistas habían sucedido después, por ser Dachau el primer campo de concentración abierto en Alemania, así como Mauthausen (Austria) fue el que más alto número de españoles concentró. Allí llegó a bastar con ser republicano.

7. Aunque entonces ignoraba nuestra historia y la de él (han pasado decenios para hacerme entender y reconocer el dramático papel que se reservó a D. Julián en España, y no en filosofía).

Además, en esta misma época, vi en la facultad películas en blanco y negro, tomadas clandestinamente en campos de concentración. La que más me revolvió reproducía dibujos infantiles de niños presos, que reflejaban su vista de las rejas, vallas, vecinos y otros elementos de su contemplación habitual. Salimos escalofriados. Oigo aún los pasos del centenar de compañeros alemanes, caminando hacia el comedor en silencio de puro *shock*. Capté físicamente la vergüenza del colectivo de jóvenes jesuitas, que caminaban asustados, a sus 20-25 años, mascando conmocionados un pasado común. Muchos alemanes arrastran y sufren todavía esa memoria. Y hay que saberlo.

La visita al campo de concentración me hizo pensar en la propia falta de conciencia política. Me había limitado a observar lo que llegaba de mi entorno: mi familia comprometida en la guerra, los himnos patrióticos de niños formados en el colegio, folletos de propaganda en la guerra mundial, etc. Había tenido una sola ocasión de ver el aparato político. En 1954, la joven reina de Inglaterra visitó Gibraltar como capítulo de sus visitas al imperio. La anécdota provocaba indignación en el Gobierno del caudillo. El 1954-55 se llenó de manifestaciones. Era yo en ese año el alumno privilegiado del colegio y tuve, con algunos compañeros, que dirigirme al teniente general Ben Mizzian (soldado marroquí que, desde el Rif y luego Guardia Mora del generalísimo, llegó a liderar la VIII Región Militar con sede en Coruña). Nos recibió en la Capitanía. Le expresé la adhesión entusiasta de nuestro colegio. Los eslóganes en las calles eran: "Derecha, izquierda, ingleses a la mierda", "arriba-abajo, ingleses al carajo". Guardo foto con el general. Fue mi primera y única relación con la política antes de pisar Alemania.

Pues bien, llegado a Múnich en septiembre de 1961 vi una Alemania conmovida: en agosto la llamada zona oriental había levantado un muro dentro de Berlín. Separaron las zonas ocupadas (británica, francesa y estadounidense), dejando el resto aislada de la parte de Alemania ocupada por los soviéticos. Aún no existía la posterior República Democrática. Mis compañeros hablaban ya de enviar paquetes a sus familiares de la zona oriental. Así el comunismo vivo se presentaba en mi vida.

En alguna otra ocasión fui testigo de comentarios, medio jocosos, por parte de alemanes que opinaban que, entre los grandes partidos, SPD (socialista) y CDU-CSU (democristiano), las diferencias eran escasas. ¡Eso dañaba mis ideas de oposición inconciliable entre socialismo y cristianismo!

Así, entre experiencias de esvástica y charlas amistosas, la política abría interrogantes inesperados en mi ingenuidad.

SORPRESA Y REGRESO

En aquella época, el curso habitual de un joven jesuita conducía a ocupar un puesto de "maestrillo" durante dos o tres años, normalmente en un colegio de la orden, aunque algunos los aprovechaban para estudios universitarios civiles. Me enteré de que pasaba por Múnich José Luis López Aranguren, autoridad filosófica en Madrid. Conseguí entrevistarme con él, contarle mi trayectoria y expresarle mi deseo de estudiar bajo su dirección. Con la habitual amabilidad me recomendó algo de ética de los valores, y quedamos en muy buen plan.

Habíamos pasado un histórico invierno en Alemania, que había alcanzado los 19 grados bajo cero. En la cancha de tenis de la facultad habían regado en noviembre, dejando una pista en hielo hasta febrero. Allí patinaba y jugaba al hockey, descubriendo reflejos de haberlo hecho en Coruña sobre ruedas. Despierto por el ambiente del otoño alemán, escribí una serie de poemas. Pedí al P. Provincial permiso para publicarlos, y me lo denegó, invocando que debía concentrarme más en el estudio y menos en imágenes y "sensibilidad". "Quiere cortarme las alas", pensé.

Y pronto llegó la noticia; el P. Provincial me destinaba como "maestrillo" al Seminario Menor de Comillas, donde organizaría y daría clases a los alumnos de retórica (entre 15 y 17 años, todos imaginariamente llamados al sacerdocio). Me buscaban un ambiente más clerical.

Dicho y hecho. Llegó una carta de Comillas. La Schola Cantorum de la universidad estaba dando conciertos por Europa. Les faltaba un día por completar, el anterior había sido en Francia y el siguiente estaba programado en la Radio de Baviera, en Múnich. Había que organizar un concierto en Salzburgo para ese día y encontrar allí alojamiento para el coro. Saben que estoy destinado en Comillas. Es verano, y en Salzburgo se concentra el Festival de Mozart en días de plena ocupación. ¿Cómo alojar un coro en una ciudad llena de turistas? ¿No pudieron pensarlo antes? ¿Cómo asumir tal situación?

Tengo un compañero austriaco, Kajetan Jenner, de Linz, y nos caemos muy bien. Le cuento mi drama, y descubro que su padre es funcionario del Ayuntamiento de Salzburgo. Él lo telefonea y yo, sin despedirme, dejo una nota al rector: mi nuevo destino me obliga a ausentarme de pronto, y me voy.

La familia Jenner vivía en la Linke Glanzeile, al borde de un río que recorre la ciudad. Allí conozco al padre y a su simpática hija, Renate.

Jenner me dice que hay una especie de hogar municipal donde los pequeños cantores se pueden alojar, pero falta dónde dar el concierto. Vamos a la catedral que está enfrente. Problemas, horarios, instalación de la coral. Dan una hora de domingo para cantar. Se prepara un cartel usando un formato de la catedral. Jenner lo hace imprimir y enseguida lo pego en los muros del centro.

Entre esas tareas tengo algún tiempo libre, que aprovecho para ir a la ópera y escuchar a Elisabeth Schwarzkopf y asistir a un concierto de piano.

Llegan los chicos y se van a dormir. No está toda la Schola, solo voces blancas. Hay gente en la catedral, cantan. Algunos austríacos comentan la singularidad de las gargantas limpias españolas y el colorido juguetón de músicas del P. Prieto: *Morito pititón, Ya se murió el burro*...

Al día siguiente viajan a Múnich y les graba la radio.

Me quedo un día más, veo un *Così fan tutte*, y me despido de los Jenner: una inesperada amistad.

COMILLAS, 1962-63

A Comillas llegué obediente. Nada de estudiar en la Universidad Civil. Pepe Vilariño fue a hacer Sociología en la Complutense. Me producía miedo entrar en Comillas. Allí habían ejercido dos excepcionales maestrillos. El listón era muy alto. Los "retóricos" quedaron muy motivados.

Debía sustituir a Goyo Ruiz, compañero y amigo de enorme simpatía, especializado en lenguas antiguas. Y también a Garrido, de notable trayectoria pedagógica, que dejaba un enorme prestigio entre el alumnado, al que supo motivar en grupos y equipos, también deportivos (¡mi gran fallo!). Era todo un educador profesional bien consolidado.

Me instalaron en una camarilla, donde debía basar la vigilancia sobre toda la "retórica" de cuarto y quinto, desde la campanilla matutina, en que debían acudir a la ducha, hasta el orden en el comedor y en horas de estudio. Me tocaba además dar horas de clase, latín en tercero, y de lengua y literatura, y francés en cuarto. De equipos bastaba prolongar los sistemas de Garrido.

De lengua y redacción en castellano no tenía experiencia docente. De francés sabía, y de latín en tercero debían leer la *Eneida*, texto y estilo para mí nuevos. ¡Un marrón!

El Seminario Menor tenía al frente un padre vicerrector, persona de gran capacidad mental y profundidad humana. A sus órdenes, un padre prefecto, preocupado solo por asuntos de disciplina.

Fui aprendiendo reglas de juego al frente de la muchachada. A los pocos días sorprendí a un grupito bebiendo botellas de vino en una camarilla del dormitorio. Apliqué un "mal" en conducta con eco eficaz. Pensaron que "el nuevo" se imponía. Luego he guardado años de amistad con miembros de aquel grupito. Fue mi primera inyección de realismo pedagógico.

La enseñanza de lenguas estaba algo atrasada en aquel ambiente. Dominaba la traducción palabra por palabra. No estudiar la lengua, solo usar el diccionario. Arrancamos con la *Eneida*. Los chicos avanzaban. Llamativo. Algo más de un mes antes del fin de curso ya la habíamos terminado, pero sin haber penetrado en

Virgilio, sus características, etc. Pero de eso no se sabía mucho. Entretanto, un latinista, el P. Vallejo, había ganado un premio componiendo el relato en latín del Tour de Francia el año en que ganó Bahamontes. Propuse utilizar los ejemplares impresos como texto hasta fin de curso. Vallejo quedó encantado y los alumnos mucho más. Cada día poníamos en la pizarra la etapa correspondiente. Vallejo manejaba y adaptaba la lengua. No era puro diccionario. La idea dio que hablar, y los alumnos aún recuerdan el "Tour en latín".

Terminé sin más las demás materias, con una espina clavada por la pobre calidad de enseñanza de francés. El que la ejercería en cuarto escribía a lápiz la traducción de cada palabra, como hizo en tercero.

PARÍS, VERANO DE 1963

Pedí autorización para dedicar el verano adiestrándome en la enseñanza de francés. Me inscribí en tres cursos de la Alianza Francesa en París. De cuarto grado (lengua), quintro grado (literatura acreditado por la Sorbona) y un stage pedagógico para profesores de francés en el extranjero. Fue un maratón de dos meses de siete horas diarias de clase. Vivía en la residencia de jesuitas en la Rue de Grenelle, en el Barrio Latino. Trabajé como un burro. Aprendí técnicas e historia de la enseñanza francesa por vía de la disertación literaria. Supe que los colegios jesuitas del siglo XVII habían revolucionado la metodología de enseñanza de lenguas, primero de clásicas y luego también de francés. Entendí por qué tantos protagonistas de la Ilustración francesa habían sido alumnos de jesuitas. Obtuve "gran distinción" en lengua, y "la más grande distinción" en literatura, donde tuvimos que elegir entre la disertación La Cartuja de Parma, de Stendhal, o Las manos sucias, de J. P. Sartre, que escogí. Terminé la estancia con regalos de editores a docentes de francés en el extranjero. Usé un baúl de hierro para transportar el material, y recaí en Comillas con mi cabeza algo cambiada.

COMILLAS OTRA VEZ

La vuelta fue más fácil. Se me encomendó la supervisión del sexto curso, con mis antiguos alumnos de quinto, todos alojados, incluido yo, en habitaciones individuales. Otro estilo, con posibilidad de trato personalizado. Estudié mucho y rehíce el francés también a los principiantes, donde introduje teoría y prácticas de fonética, distinguiendo las más de 20 vocales largas, breves, abiertas, cerradas o mudas, cuando en español esas diferencias no se usan, ni siempre se perciben, porque no cambian significados. El oído hispano no llega a percibir ciertas longitudes de onda que la práctica simplifica. Existen además juegos de lenguaje propios de situaciones y contextos, que no facilitan la interpretación de cada palabra. La cuestión se complica, puesto que los franceses, orgullosos de su bella lengua, reaccionan con dificultad frente a pronunciaciones extranjeras, tipo bonne espagnole, con acento de criada inculta, el que asocian a españoles cultos, habituados solo al clásico A-E-I-O-U que en castellano les basta.

En clase, mediante los libros traídos de París, contaba la vida y milagros de escritores franceses, de Villon a Claudel, de Hugo a Bossuet.

La segunda parte del curso trajo algunas novedades. En un grupo de alumnos "intensivos" apareció un joven, Valentín Redín, navarrico y literato, que había participado en una representación de *La farsa de Maese Pathelin*, obra medieval francesa, de la que había versión castellana. Él tenía experiencia dramática, la obra poseía frescor y fuerza cómica. Conseguimos autorización para montar el escenario, la fonografía y las luces delante de la fachada norte de la universidad. Se realizó un reparto adecuado, íntegramente con alumnos de sexto, y preparamos la dirección de la escena con mobiliario arcaizante. El singular espectáculo nocturno atrajo a mucho público de los diferentes centros de la universidad.

Casi paralelamente, mi querido sexto curso organizó una "academia" en el Paraninfo, donde diferentes alumnos presentaron comentarios o textos, casi todos franceses, de carácter narrativo, histórico o poético (Péguy). El conjunto dio que hablar, y lo menos esperado vino cuando el vicerrector me anunció que no debía pasar a Teología al año siguiente, porque el provincial había recibido informes negativos que le impulsaban a dejarme un tercer año de "purga" en Comillas. Me lo decía irritado, e intuía el origen de la "denuncia". Se presentía un enfado de otro profesor de francés más tradicional. El vicerrector dio batalla a mi favor y días después me anunciaron que debía comenzar mis estudios de Teología en Lovaina. Hubiera preferido hacerlo en inglés, pero en Lovaina había hecho su carrera de teología el provincial, y allí lo arregló.

EEGENHOVEN, LOVAINA, 1964-68

Teología era la nueva incógnita. No sabía la rana que allí comenzaría a vivir saltando y croando poco a poco.

CAPÍTULO 7

A VOLAR, 1964-1970

La Facultad de Teología de los jesuitas francófonos en Lovaina no era la única. Había otra de habla flamenca en Heverlee, un barrio de la misma ciudad (Leuven), situada en tierra flamenca. Ninguna de ellas pertenecía a las dos Universidades Católicas de Leuven o Lovaina: La flamenca (KUL) y la francófona (UCL). Cada una con un rector. Ni todos entendían ambas lenguas. El espacio común era la biblioteca, regalo de Estados Unidos, en homenaje a su raigambre medieval.

Fui entendiendo: España, Francia, también Inglaterra, y las guerras de religión... Ninguno es inocente del gran lío belgaholandés, del que Holanda surgió más indemne y Bélgica más jeroglífica.

Mi facultad ocupaba un edificio moderno, con una biblioteca rica y funcional. Allí el tiempo corría con placer. El ambiente contrastaba con el anquilosamiento comillés. Las ganas de avance y renovación, sobre todo en lo referente a la relectura de los textos bíblicos, el estudio de las lenguas originales, de la historia de las formas literarias y de su redacción. Despuntaba una libertad científica basada en la competencia y la revisión institucional, capaz de compartir hallazgos interconfesionales, sin esclavitud a los estrechos intereses eclesiásticos. Nacía un mundo católico, maduraba el Concilio Vaticano II.

En Lovaina encontré compañeros españoles, repartidos en los cuatro cursos de Teología. Acabado el tercero recibían la ordenación sacerdotal. Así, los de cuarto podían ejercer la capellanía dominical ante los compatriotas inmigrantes, y en los tres primeros cursos cooperaban ya con ellos.

Recién llegado, fui invitado a acompañar a Bruselas a dos de mis compañeros, Avelino, ya sacerdote, y José María, con quien había compartido el noviciado. Los acompañé en una visita a una familia de asturianos, que festejaban el bautizo de su cuarto hijo, Andrés. Luego descubrí que ese día, sin darme cuenta, el bautizado era yo.

CEGUERA

Bautismo es el rito de ser admitido en una comunidad. Aunque el bautizado en ese momento no se entera, ni se da cuenta, ya será consciente de ello en el futuro.

Me explico. Había pasado casi toda mi infancia, como ya he dicho, viajando en tren con mi madre entre Coruña y Madrid, en ambos sentidos. Memoricé muchas estaciones y, como niño observador, conocía bien toda la composición del expreso, los modelos de locomotoras, el *tender* con carbón, el furgón de equipajes, el coche cama, luego el de primera, el de segunda, el de tercera, y el restaurante.

El coche cama era para los ricos, yo nada que ver. El de primera era el nuestro, con departamentos de seis grandes butacas de asiento semideslizante. El ancho del departamento era siempre el mismo, a causa del pasillo que recorría el tren. Pero la ocupación difería: en segunda el departamento tenía ocho asientos, más estrechos, tapizados, no deslizantes. En tercera se enfrentaban dos bancos corridos de madera, cada uno para cinco plazas, diez en total.

Sabía todo sobre la primera clase, cómo se hablaba con otros viajeros en el departamento, cómo bajar y subir equipajes desde o sobre la red, manejar las portezuelas del vagón y, sobre todo, siendo niño, cómo asegurar la puerta del lavabo para hacer pis o esperar que alguien saliera de dentro.

Los otros coches, de segunda, y no se diga de tercera, iban llenos de gente, mucho más numerosa que en el nuestro. Esa gente estaba allí, pero yo no los miraba. Nada que ver en ellos. Solo que eran numerosos. Por la mañana no se les veía tampoco en el coche restaurante. Digo que no miraba, en realidad es como que no veía, era "gente" abstracta, como que no existía, nula atención: padecía una ceguera funcional. Como niño, por cierto "bien educado", estaba *ciego* para *ver* gente externa a mi entorno social y familiar. Había pobres, criados, subalternos y, como niño cristiano, bondadoso y caritativo, yo había participado desde el colegio explicando la doctrina cristiana a niños de barrios o parroquias pobres, había donado ahorros infantiles para las misiones, para la conversión de los "chinitos" y "negritos", y en familia me alababan esos comportamientos. Todos esos pobres, criados, subalternos, extranjeros... eran gente a quien podía tratar bien o incluso ayudar desde mi posición social superior, y ello me producía una satisfacción interior.

Pues bien, al asistir al bautizo del hijo de minero asturiano que tuvo que emigrar con mujer e hijos, buscando vida y trabajo en un barrio del mediodía de Bruselas, yo no sabía que estaba entrando en una comunidad humana de la que ignoraba todo, porque para mí nunca había existido. Había estado ciego para verla, aunque su número me rodeara por todas partes. Esa gente "de abajo" era tan gente como yo, igual a mí, superior en mérito, en la lucha por su cultura y vida material. Además, la mayoría había vivido injusticias, escasez y se atrevían a pelear, sacaban su cabeza al aire exterior, y defendían su cuestionada igualdad.

Había ido a Lovaina, que encarnaba la vieja cultura europea, a estudiar Teología, la ciencia de Dios, y a preparar allí la realización de mi vocación cristiana y sacerdotal. Todo esto lo sabía. Pero ignoraba que, tras mi simbólica ceguera contagiada, el bautismo de un niño abriría mis ojos a la convivencia humana entre españoles que buscaban salir de la miseria y a encontrar en las nieblas del norte kilos de calor del que yo me podría contagiar.

Tan listo con mis buenísimas notas, tan católicamente obediente al mensaje oficial cristiano a cuya práctica estaba entregando mi futuro, tenía que descubrir que hay clases sociales, desigualdad, injusticia, y tenía que admirar a los que bregaban por sus hijos buscándoles algún bienestar. Yo nada sabía de esa vida. Vivía ignorante desde fuera. Más tarde leí apasionadamente *Ensayo sobre la ceguera* de Saramago, y comprendí que un fenómeno colectivo podía ser clave de algo muy real.

Digo esto ahora, pero tuve que ir digiriendo mi problema en años de trato y autocrítica. De entrada, durante los seis que finalmente duró mi vida "belga", y luego en mundos de obreros o universitarios, hombres o mujeres, ateos o creyentes, con quienes poco a poco aprendí a nadar en el mar de la igualdad.

Había empezado compartiendo fines de semana, bajo pretexto de un servicio religioso, con decenas, cientos de personas más o menos creyentes, súbitamente cercanas, en Vilvoorde, un poblacho entre Bruselas y Malinas, en Anderlecht, en Ixelles o en los alrededores de Frankfurt: Fernando, Luisi, Joaquín, estudiantes latinoamericanos escupidos por las dictaduras, refugiados de la española; Pepín, Rosita, Luisa, Tayo, Tito, Bustamante, Manolín, Chelo, Willy, discusiones de familia, la Peña Española, Daniel recitando poemas, Doblas que no quería volver a España, otros que sí, los Villatoro, Llerena, "la pescadera", el cura Henares, y más nombres olvidados en 60 años, pero rostros que no se borran, Mieres del Camino, Peñarroya-Pueblo Nuevo, sudores de mina, horas de contacto y ternura, músicas en bares o lágrimas saliendo de misa por el asesinato de Martin Luther King. Un camino singular, de mi ceguera inoculada hasta la convivencia sincera en la igualdad de los falsos desiguales. ¡Un animado e interminable viaje en un nuevo tren de amistad! La ceguera que te encierra en una clase social solo se vence con amistad, tratando y queriendo al otro como tu igual.

En efecto, la visión de ciego se corregiría posteriormente. La clase social ignorada cambiaba: de "obrera" fue deviniendo "media". España se transformaba. La joven amistad se convertía en nueva conciencia social igualitaria por parte de todos nosotros.

Así abrazaba mi tarea de joven teólogo. Había ido a buscar razones de mi fe, base de mi compromiso vital, la causa de mi autodisciplina. Los estudios de Teología explicarían el fondo de la misión que debería cumplir.

Gran diferencia con Filosofía, que había estudiado porque sí, por necesaria cultura, por una exigencia de nivel intelectual. Había podido comprender que hay diversas filosofías, salidas por una parte del correr de la historia, y por otra, de la realización personal de gente profesionalizada en cátedras e instituciones, dentro de culturas y naciones, e incluso religiones. De la Teología todavía esperaba la verdad, garantizada por la seguridad en la Iglesia, base revelada de referencia mental y moral.

Aparte del examen en derecho canónico, el último en latín, en el que la Iglesia parecía un Estado con sus leyes, estaba la "Teología fundamental": "El cristianismo juzga y salva las religiones". Había otros, no éramos únicos. Pero lo nuestro era clave de todo lo demás. Cumpliendo, obtendríamos la salvación (eterna). Y, además, el cristianismo era la referencia decisiva sobre lo bueno de todas las religiones, desde los budismos y animismos diversos hasta las herejías desviadas dentro del propio cristianismo. Quemar herejes no era la solución, se trataba de que, por nuestra fe, ellos se salvaran de sus errores, que ya descubrirían al final. Era el "cristianismo anónimo". Quien hubiera vivido con sana moral, aun sin tenerla formalizada, obtendría la salvación como un cristiano más, aun sin ser consciente de ello. ¡La Iglesia lo explicaba todo!

La verdad es que se abría paso en el catolicismo la conciencia de que su exclusivismo dogmático se quebraba frente a la realidad. Había que mirar con respeto al exterior. Resultaba absurdo mandar al infierno a quien había vivido prácticas de rectitud, según los principios grabados en su naturaleza. Si Cristo murió por los pecados, por los de los demás, también. La historia de Europa, sus guerras de religión, sus ritos mágicos y colonias debían revisarse. ¿Estábamos locos? ¿Éramos unos criminales? ¿Nos excedíamos en el ritualismo salvando paganos, cuando al bueno de Francisco Xavier en Japón le dolían los brazos de tanto bautizar?

En la Iglesia católica había gente, y con altos mandos, asida a su ley de identidad absoluta, de infalibilidad. Condenaban a diestro y siniestro, defendiendo rabiosamente su "fuera de la Iglesia no hay salvación". Intransigentes en sus posturas y autoridades, como ostras que solo un cuchillo puede abrir. Pero había llegado un anciano papa que no soportaba tanto poder arbitrado en nombre de Dios.

En este quicio estábamos, venteando la "puesta al día" que traía el menudo papa Juan XXIII, al convocar en 1959 un Concilio sobre la Iglesia y el mundo moderno, pero falleció antes de que iniciara mi carrera de Teología. Llegué buscando una gran verdad y me encontraba en un mar de matices. Esos cambios me gustaban, iban en buena dirección. Tenía que ser.

MIRANDO AL EXTERIOR

De niño y entre adultos me hice observador y me interesé por casi todas las asignaturas. Así en religión me atraía la visión más abierta. No solo buscaba entender otras religiones, sino más aún la propia, y verla abierta en el horizonte. Era una conexión con el Concilio, la crítica y autocrítica de una Iglesia encerrada en sí misma. Me iba aquella marcha.

En Teología había asignaturas opcionales, en las que se elegía un tema o aspecto concreto. En historia de la Iglesia me interesaron las herejías. Primero fue la de John Wiclef, y en particular su doctrina del dominio según la cual la propiedad es de *dominio divino*. El dominio es de Dios, quien retira al injusto todo derecho, de modo que este se convierte en posesor de mala fe. Se hablaba de su comunismo, del rechazo del derecho romano de propiedad de "usar y abusar". Pero allí los que mandaban eran sobre todo propietarios (como ahora).

Inglaterra, siglo XIV, reina Eduardo III, y el papa Gregorio XI reivindica un viejo tributo anual. Nombrado por el rey, Wiclef participa en embajadas, sin resultados. En 1374 en Westminster, dos monjes defienden al papa y Wiclef argumenta radicalmente contra el clero opulento (el papa), y las órdenes mendicantes y frailes. Se hace más polémico y publica un tratado sobre el "dominio civil". La ley civil es necesaria e indiscutible, por lo que el clero no puede rehusar impuestos que exija el Gobierno.

La situación económica y los grupos de poder afectaban ya a Wiclef, quien sostenía que, aunque el sacerdote representara a Cristo sufriente, el rey representaría a Cristo glorificado y reinante; el rey es vicario de Dios. La jurisdicción episcopal deriva de la del rey.

Estudié las doctrinas originales, la propiedad de Dios inspirada en la Iglesia más primitiva de prácticas "comunistas" y, por otra parte, la sumisión a intereses materiales de poderosos. Nada de Marx y, por fin, tampoco de Lutero, de quien Wiclef había pasado por precursor. Y me fui dando cuenta de que el humano no tiene derecho a apropiarse o abusar de la naturaleza, ni del agua ni del sol.

En otro momento realicé un trabajo de griego bíblico y elegí estudiar el significado de la palabra "fe" (*pistis*) en un pasaje del Evangelio de San Mateo, capítulo 23, versículos 23 y 24, que constituyen el eje de una serie de siete maldiciones. Identifiqué en el pasaje una estructura llamada "chiasma", donde la serie de unidades anteriores y posteriores contribuían a resaltar aspectos del mensaje central (técnica textual identificada). Este presentaba una agresiva expresión de Jesús, después redactada por sus discípulos. Según esto Jesús se afirmaba como crítico radical de la hipocresía religiosa, en una línea que hoy apelaríamos anticlerical[8].

Consultados más de 20 exégetas, y comparando con expresiones parecidas en libros del Antiguo Testamento, sobre todo proféticos, analicé si esta *pistis* hacía referencia a la relación con Dios o con los hombres. La interpretación aportada concluía que *pistis* se situaba ante todo en práctica relacionada con los hombres: juicio, justicia, ser "honrado" o "cumplidor" (sobre todo con los débiles:

8. Véase Math, 23-24: "Ay de vosotros, escribas y fariseos hipócritas, (por)que pagáis el diezmo de la menta, del aneto y del comino y dejasteis a un lado las cosas más graves de la Ley: el (justo) juicio, la misericordia y la *pistis*; estas había que hacer y las otras no omitirlas. ¡Guías ciegos, que coláis el mosquito y os tragáis el camello!".

viuda, huérfano, prosélito, pobre), y una especie de fidelidad, ni fraude ni mentira. También aparecía que estos deberes son religiosos y, por lo tanto, también para con Dios. Son "lo que pide el Señor de ti".

El estudio fue muy valorado por el profesor de Sagrada Escritura. Aprendí haciéndolo y ese ejercicio me animó especialmente. Eran ya tiempos en que brillaba la autoridad de Rudolf Bultmann y sus trabajos sobre la "desmitologización" de las escrituras bíblicas.

Había que optar (o ser elegido) por un profesor como patrono u orientador especial para una rama de los estudios. Entré en contacto con el profesor Georges Dejaifve, que enseñaba también Eclesiología en la Universidad Gregoriana de Roma. Con él creció mi interés por el ecumenismo: la cooperación y la posible unidad de iglesias cristianas. Ahí centré mi especialización, en teología protestante y en contactos personales en los medios ecuménicos.

Escribí a Pedro Arrupe, general de los jesuitas, urgiendo a una Iglesia más evangélica. Respondió favorable. Ignoraba la masa católica que lucharía en su contra. ¡Y que él mismo sufriría persecución papal!

Fui ordenado sacerdote en España en julio de 1967, al final del tercer año de Teología. Mi examen final presentó una tesis sobre las condiciones en que era admisible practicar la "intercomunión" eucarística entre fieles de distintas confesiones cristianas. Fui aprobado por el tribunal con la máxima nota e, inmediatamente, acudí como periodista a la Asamblea del Consejo Mundial de las Iglesias en Upsala, en julio de 1968. Y allí mismo participé en un grupo hispanoholandés en el que estuvo un clérigo que me denunció en España, según supe por confidencia del representante de los protestantes españoles ante el Gobierno.

Llegado a Madrid me pusieron al frente de una pequeña comunidad de jóvenes jesuitas, estudiantes universitarios en Madrid. Era novedoso ver que los jóvenes jesuitas en formación ocupaban pisos comunes y no residencias o colegios. Ocupamos un ático en la calle Alonso Cano.

1968-70. FE, SECULARIDAD Y FACULTAD DE TEOLOGÍA

En 1967, el P. Arrupe había cursado una instrucción pidiendo que en cada país se creara una institución dedicada específicamente al diálogo con el ateísmo contemporáneo. Los jesuitas obedecieron el mandato en España, con apoyo de los dedicados a barrios obreros o escuelas profesionales. Otros más tradicionales lo aceptaron con antipatía. Para fundar el Instituto Fe y Secularidad vino como director el P. Alfonso Álvarez Bolado, profesor de Filosofía en la Universidad de Barcelona[9]. Llegué a Madrid la víspera de un acto de presentación del Instituto, sin conocer a nadie del equipo, excepto al P. Andrés Tornos, que había visitado Lovaina, donde hicimos buena amistad.

El equipo integraba un grupo sénior: José Gómez Caffarena Bolado, filósofo, y Tornos, psico-socio-teólogo (jesuitas en torno a los 40); luego cuatro recién terminados como yo: Javier Martínez Cortés, José Antonio Gimbernat, Juan Luis Pintos y Vicente Donoso (más joven); y seglares: Justo Pérez del Corral (filósofo, bibliotecario), Silvia Schmitz (lingüista, documentalista), Teresa Rodríguez de Lecea (Filosofía e Historia), Dolores del Moral (traductora) y secretarias voluntarias; Francisco Rodríguez y María Pía Ortega (administración). Todos en un minisótano de la "casa de escritores" de los jesuitas en Madrid.

Debutando se trabajó sobre los "teólogos de la muerte de Dios". A su vez inicié cursos de doctorado en la Universidad de Comillas, en trance de traslado a Madrid. Publiqué artículos e informes sobre la Asamblea del Consejo Mundial de las Iglesias, muy ignorada en el mundo católico. Saqué un artículo en *Nouvelle Revue Théologique*, y otros en revistas varias de España, Chile, Brasil, Argentina o Alemania.

9. Arrupe buscaba el modo de entrar de lleno en diálogo con la modernidad, deseo estrechamente relacionado con el encierro de la Iglesia en la cultura y sociedad dominante, olvidando la práctica de la pobreza evangélica. Poco después, la Congregación General de los Jesuitas aprobó entre otros que "es impensable que la Compañía de Jesús pueda promover en todas partes la justicia y la dignidad humana, si la mejor parte de su apostolado se identifica con los ricos y poderosos o se funda en la seguridad de la propiedad, de la ciencia o del poder".

En campos complementarios inicié, o consolidé, relaciones personales en medios de la Iglesia evangélica reformada episcopal, de la Iglesia evangélica española, con sus pastores, donde destacaba Daniel Vidal, teólogo barthiano de fuste. No logré mucho sobre los ortodoxos, pues quien se ocupaba de ellos estaba centrado en aspectos artísticos.

Según la línea del Instituto me dediqué inicialmente a los teólogos anglosajones, y solo después me atreví a publicar en revistas españolas (como *Sal Terrae*, *Vida Nueva*, *Iglesia Viva*), buscando describir el proceso de secularización en la sociedad española, con críticas sobre cada uno de los teólogos de la muerte de Dios y el conjunto de ese movimiento. La serie fue impresa aparte por *Sal Terrae*.

Al poco de llegar a Madrid, Álvarez Bolado aportó una amplia serie de estudios sobre el reciente Mayo francés. Casi todo impreso en esa lengua, y nos encargó a Silvia y a mí que publicáramos una reseña en la revista *Razón y Fe* de los jesuitas españoles. Así lo hicimos sin las firmas, envuelta como "Documentación Fe y Secularidad".

Terminado el 1968-69 dirigí una semana de ejercicios espirituales a un grupo que debía comenzar Teología en el curso siguiente. Para su alojamiento habían previsto su instalación en dos pisos contiguos en la plaza de Mondariz del Barrio del Pilar, más modesto y popular que el de Alonso Cano. Terminado el ejercicio, el grupo estuvo conforme en que me encargase de dirigir su nueva comunidad. Iniciaban Teología en Comillas-Madrid, y entretanto yo había concertado con el P. Joaquín Losada, director del Departamento de Teología Fundamental, impartir una parte de su programa, bajo el título Crítica cristiana de la religión.

En verano de 1969, mi padre quiso regalarme un coche, un Citroën 2 CV. Exigí que, dado mi voto de pobreza, el auto se registrara a nombre de la Compañía de Jesús. Obtuve el permiso de conducir, aunque caí en el práctico con el único suspenso de mi vida. A la segunda aprobé.

La sede del Instituto cambió en este curso a un piso grande en Diego de León. Tenía condiciones para el diálogo con fuerzas ajenas o distantes respecto de la Iglesia. Amanecía el luego denominado "franquismo tardío". En el tema del Instituto se interesaban fuerzas políticas de la "oposición democrática", a la vez que otros próximos a la fe, inquietos por el cambio ideológico y social[10].

En un momento dado, Alfonso Álvarez Bolado tuvo la idea de producir un enorme tomo bilingüe español-inglés sobre sociología de la religión y teología, con miles de recensiones y menciones. Fue muy altamente valorado en publicaciones especializadas, por ejemplo en *New York Review of Books.* Todavía Bolado movió luego una segunda edición del mismo título. Al cabo de un tiempo, Bolado cedió la dirección a José Gómez Caffarena. Con él y su sucesor cooperé como secretario general.

FACULTAD DE TEOLOGÍA

Llegado el curso 1969-70 fui invitado a participar en el Departamento de Teología Fundamental, dirigido por el P. Joaquín Losada. Mi aportación fue un curso breve titulado Crítica cristiana de la religión. Me apoyé en la fe, citando abundantemente obras de Karl Barth, Tillich y otros. Conservo un ejemplar de notas de los alumnos. En aquellos días otro joven profesor fue expulsado sumariamente por el rector de la Universidad Pontificia Comillas-Madrid, sin siquiera analizar su supuesta heterodoxia. Sin estar yo conforme con sus teorías, escribí al rector una carta abierta de protesta, a la vez respetuosa y crítica, por el método usado. Previamente, tuve

10. Cuando salí de Múnich en 1962 acababa de celebrarse allí mismo, sin que yo me enterase, el "contubernio de Múnich" que en 1968 ya era agua pasada. Allí confluyeron federalistas, monárquicos, exiliados, marxistas, desarrollistas, democristianos o demócratas sin más. En un magma tan plural interesaba mucho el futuro político-social de una dictadura aún oficialmente "nacionalcatólica". En Fe y Secularidad se daba el ambiente oportuno. Cito solamente anécdotas personales: pude concertar una conversación entre Karl Rahner y Xavier Zubiri, hacer presentación de pasillo entre Fernando Claudín y Joaquín Satrústegui. Atendía, como responsable de actas del Seminario "Ética y Política" (dirigido por el P. Caffarena y José L. López Aranguren) a Manuel Azcárate (PCE), a Enrique Tierno Galván, Fernando Morán, Gregorio Peces-Barba, etc., aparte de conocidos teólogos, sociólogos, sindicalistas clandestinos, etc.

el acuerdo de mi P. Provincial para volver a Lovaina y poner en marcha un doctorado. Así se hizo con fuerte apoyo de Bolado, que deseaba tener doctores en el equipo.

DESENLACE

Desde las primeras páginas he dado a conocer el relato de mi decisión de abandono de la Compañía de Jesús, incluida su fecha. Para iniciar el curso 1970-71 fui a Lovaina con la idea de realizar una tesis de doctorado sobre el libro del Génesis en perspectiva psicoanalítica. Justo al llegar yo, el Gobierno belga decidió suprimir todo nuevo permiso de residencia a extranjeros, sin distinguir entre inmigrantes trabajadores y estudiantes universitarios. Algunos en el Rectorado se declararon en huelga de hambre. Era preciso luchar y, como damnificado y de edad más madura que el promedio de bachilleres que venían, muy pronto me vi metido en reuniones y en el comité de huelga conjunto de universidades, francófona y flamenca. Me eligió una asamblea en un teatro de la ciudad. En el comité expliqué que ni mi edad ni mi condición de religioso encajaban en una plataforma belga de estudiantes y sindicalistas. Por otra parte, el típico extranjero universitario era tercermundista y no europeo. Lovaina en 1970 vivía influida por el Mayo del 68, donde ya falló la idea de unidad entre obreros y estudiantes.

Típico de ambientes inquietos de protestas, la universidad francófona sufría bajo la presión de algún grupito izquierdista (*gauchiste*). Unos cuantos ocuparon el gran edificio de la universidad impidiendo la entrada. Propuse en una asamblea que los presentes, más de 200, fuéramos a la biblioteca para hacerles salir. Así fue.

Obtenidos los permisos, me matriculé en Psicología y Pedagogía, donde conseguí ser recibido por el P. Vergote, prestigiado especialista en psicología de la religión. Le hablé de mi proyecto y fríamente me recomendó el libro de Ortigues *El Edipo africano*. Sobre psicoanálisis (aun sin pensar en religión) me fueron bien útiles los cursos de los profesores De Waalens y Schotte. Y comencé a leer con detalle a Freud.

Mis relaciones con trabajadores españoles se relanzaban, sintiendo todos el creciente conflicto de España en el ocaso de la dictadura. Mi ignorante ingenuidad descubría a autores como Miguel Hernández. Sin haber pisado Andalucía me sonaba todo el tiempo la voz de Paco Ibáñez y demás oráculos nacionales de aquellos años.

Poco a poco me fui convenciendo de que la hipótesis de mi tesis sobre la aplicación metafórica al Dios bíblico era resbaladiza. En el principio el *padre* de los creyentes es más bien Adán. El Dios mosaico es un misterio inaccesible. Dios Padre es tardío. Mi hipótesis tenía debilidades. En cambio, hice un "seminario salvaje" en casa de un profesor de sociología sobre "el inconsciente social del psicoanálisis". Se copiaba el estilo del Mayo del 68.

A fines de 1972 volví a Madrid. Tenía que reflexionar sobre mi vida. Para hacer el mes de ejercicios espirituales fui a Alcalá de Henares. Ya relaté mi sorpresa en las páginas iniciales. Aquella decisión mía tenía tuno individual. ¿Cómo adaptarme a una vida seglar? Ya he escrito acerca de ello.

Pero pronto llegaron los hechos: mis compañeros y amigos jesuitas iban tomando sus propias decisiones de ruptura personal: Gimbernat, Pintos, Donoso, Pedrós, etc. Bauticé aquel movimiento colectivo en los términos de canción de los siete enanitos de Blancanieves: "Ay ho, ay ho...". ¿Quién era Blancanieves? Pensé en Arrupe leyendo el texto de la Congregación General jesuita reclamando pobreza e igualdad social.

Lo propio de los enanitos era que cada uno tomábamos la propia decisión de manera independiente, luchando con los valiosos principios de fe adoptados por cada uno en su original vocación. Nos íbamos yendo con decisiones estrictamente personales, luchando por recomponer nuestras vidas hacia algo más justo y mejor. Nos marchábamos discretamente, sin más, afrontando a veces la desilusión, o incluso los desprecios de familia y amigos.

SEGUNDA PARTE

DE FLOR EN FLOR

CAPÍTULO 8

A VOLAR: MORAL. TRABAJO. VIDA

Recuerdas el preámbulo, la decisión que súbitamente libre. Aquello estalló tan dentro como el capullo de una nueva mariposa. Alas súbitas y a volar.

Había sido fiel a mis votos. Y como recordarás, mi duda primera fue tener que prepararme un trabajo. No te rías si te digo que la primera idea fue emplearme de camarero. Me gusta servir copas, y siempre he sentido afecto y simpatía por ese oficio. Lo comenté con íntimos. y decían "¡que locura!", que yo servía para otras cosas: estás "fuera de bolos", dijo Alfonso.

En todo caso, lo primero fue ejecutar mi abandono. Me fui a vivir a casa de José Antonio, donde pasé un mes, hablé con compañeros jesuitas y pedí cita al Provincial de España, por ese orden. El equipo de Fe y Secularidad aceptó unánime que siguiera trabajando con ellos en el mismo puesto, esto para empezar.

El Provincial, otro cantar: yo no debía seguir en el Instituto. Tenía que "cortar el cordón umbilical" que me unía a la Compañía de Jesús. Años después estaría en situación de ayudarla... ("dinero", pensé). Por último, mi salida de la Orden permaneciendo en el puesto crearía problemas ante otras comunidades (en la de la calle Maldonado, por ejemplo).

Si se trataba de eso, los padres de Maldonado se enterarían de mi abandono, aunque siguiese trabajando en Fe y Secularidad. ¿Qué podrían decir? Enfadado, decidí retrasar mi petición de "letras dimisorias" a Roma, el trámite formal. Lo retuve un semestre y nada pasó.

No me parecía un deber el sometimiento hipercatólico al sexo como tabú. De hecho, en mi segunda estancia en Lovaina había sido "objeto" de persecución de una joven estudiante de Psicología, empeñada en considerarnos simbólicamente: yo Jesús, ella Magdalena. Era la época del éxito *Jesucristo Superstar*. Quizá sin saberlo fue la primera persona que me expresó su claro deseo sexual. Ya decidido a liberarme, quise rebajar mi tabú. Concerté con ella una cita navideña en París, y pasamos una semana de sexo loco. Me sentí desencadenado, pletórico, y todavía, en el verano de 1973, pude en un coche prestado recorrer España con ella. Luego terminó el huracán tras un acuerdo compartido.

Además, tenía que vivir. En Alcalá había trabado amistad con Luis Uriarte, otro jesuita de edad parecida a la mía. Antropólogo, había convivido con una tribu aguaruna de indios de Perú, en la selva amazónica. Su trabajo de doctorado en Chicago, con miles de fotos, se fue al fondo del río desde la balsa donde iba de vuelta hacia Estados Unidos.

Nos hicimos amigos. Él se instaló en el piso vacío de un hermano destinado fuera de Madrid, y me invitó a que viviéramos juntos.

Terminada la hospitalidad de José Antonio, me fui con Luis unas semanas después. Buscamos un alquiler barato en un barrio popular. Yo tenía un sueldo simbólico del Instituto, y Luis podía dar cursos de antropología latinoamericana en una institución madrileña. Buscamos una portería vacía, donde ofrecer la limpieza de escaleras, por ejemplo. Resultaba gracioso, ya que alguna comunidad de vecinos nos sospechaba de homosexuales. Nos reímos de verdad. Al fin tuvimos en alquiler barato un piso de la calle de Segovia. Apañamos algún mueble de una mudanza y, con pedazos de goma-espuma forrados con tela de colcha gruesa que servían como cojines para sentarse sobre el suelo, creamos la sala de estar.

Mi conciencia de jesuita me había impedido intervenir en política. Solo una vez, en 1969, tras una misa en Villaverde Bajo, fui detenido y coincidí en el coche policial ("lechera") con Pedro

Uruñuela, exalumno mío de Comillas y buen amigo. Interrogado en la Puerta del Sol osé preguntar si tenían un libro de reclamaciones. Me echaron a gritos.

Ya libre del lazo religioso podía implicarme en la oposición política a la dictadura. Fe y Secularidad gozaba de la protección oficial a lo católico y era interesante para las fuerzas clandestinas, que a su vez valoraban la acusada evolución política de las comunidades de base católicas en barrios populares. Desde Bélgica había contactado con grupos como ZYX, anarquista, que hablaban de Durruti, o con la HOAC obrera de Alemania. En España me conectó con ella Miguel Jordà, su expresidente nacional. Pude dar charlas en su sede la calle Silva en Madrid. Por otro lado, estaba Juanjo, el director de Justicia y Paz, organismo católico progresista. Todo venía "servido". Jordà me ilustraba sobre la Asamblea de Catalunya y su fuerza democratizante. Y supimos a la vez que en Andalucía se estaban fundando "mesas democráticas".

Luis se había vuelto a Perú y me quedé solo en casa. Empezaron a cuajar contactos, con gran ayuda de Miguel, y de Luci, también activista de la HOAC (pareja de Adolfo, un taxista luego chófer de Carrillo).

Con Jordà y otros asumimos la idea de convocar reuniones para una mesa democrática en Madrid. Citamos a gente variada de diferentes organizaciones: PCE, PSOE, PSI, USO, CCOO, PCE (internacional), JOC, Bandera Roja... quizá alguien más. Acudió el primer día un representante del PSOE, que luego no repitió. Nos reuníamos en el "salón", sobre los cojines de goma-espuma. ¡Ambiente oriental!

Los participantes consultaban a sus organizaciones y ponían sus condiciones de futuro. Las "negociaciones" avanzaban con las normales dificultades, incluidas las variaciones estratégicas: el PCE internacional cambiaba a Partido del Trabajo de España; el PSI (del Interior) pasaba a PSP (Popular). Y entretanto, un reducido grupo de gente que reconocíamos la inspiración cristiana nos identificamos como FID, federación de independientes demócratas.

El 1973 acababa cuando el 30 de diciembre sucedió el atentado contra el presidente Carrero Blanco. Esa noche, en el tren de

Asturias para mi Navidad familiar, temí estar ya "fichado" por el control policial. La coincidencia con el Proceso 1001 contra los dirigentes de CCOO lastraba la política aquel día. Aunque "exclaustrado", figuraba yo en un Instituto muy próximo al asesinato, al coche caído en el patio de los jesuitas, donde Carrero había oído su misa habitual.

1974 llegó rico en sorpresas. Se mascaba la necesidad de acelerar las acciones antifranquistas, por una parte. Y, por otra, la fragilidad física del dictador era públicamente inquietante. Gente tradicionalmente adicta al régimen iba menudeando los chistes sobre Franco. Imitaban entre risas tonillos de los discursos del general, con anécdotas jocosas sobre frases suyas. Quienes no ocultábamos el disgusto sobre la situación oíamos a veces amables comentarios críticos. "Pero, Luis, ¿por qué te quejas? ¡Si estamos muy bien!", decía tío Vicente.

Hacía años que me preguntaba, ¿quiénes están-estamos bien? Nacido en pleno golpe de Estado, con una mayoría familiar incorporada a aquella guerra, tenía que enfrentarme un día a ese interrogante. Y ya podía ver que el golpe se había dado en beneficio de una clase concreta de gente. No trabajadora ni campesina, no la mayoría, sino la minoría poseedora, rentista, aristocrática, militar y funcionaria, por citar un ejemplo, solo viable tras siglos de colonias. Se sumaba una nueva aristocracia, ya urbana, ya terrateniente, crecida al calor de la desamortización. Era el dominio de la clase próspera, a costa de la ignorancia generalizada de los más. La Iglesia prestaba ayuda secular. Y en medio había una minoría ilustrada, que la inercia general recuperaba deprisa. Era la España de "estamos muy bien".

En Fe y Secularidad seguía trabajando. Silvia comenzó a darme clases de inglés, mi punto flaco. Algo después Justo y ella se separaron, por lo que ella buscaba trabajo. Un amigo mío la ayudó. Era hermano del jefe de personal en Altos Hornos del Mediterráneo, firma recién participada por US Steel. Buscaban un traductor e intérprete para las visitas de los ingenieros estadounidenses. Así fue. Ella se afilió a la USO, y pronto salió elegida para el comité de empresa.

A mediados de año Franco enfermó y dejó provisionalmente espacio a Juan Carlos de Borbón, príncipe de España. En la "oposición democrática" surgía la idea de forzar el cambio. En París se conspiraba con diálogos que fraguaban el proyecto de Junta Democrática. El principal agitador era el PCE. Se iban sumando algunos partidos, y particularmente algunos empresarios deseosos de superar la práctica de sindicato vertical propia de la dictadura.

Se preparaba la creación de Junta Democrática de Madrid-Región, que se coordinara con otras. El grupo de partidos o entidades estaba conformado por el PCE, el Partido del Trabajo, el Partido Socialista Popular, FIS (grupo de estudiantes universitarios), Reconstrucción Socialista, el Partido Carlista, FID. Si olvido a alguien, pido perdón.

La conexión con el grupo de París vino dada por Pepín Vidal Beneyto, intelectual y activista, entusiasmado con la idea. Hubo reuniones y pronto se llegó a un acto de fundación de la Junta de Madrid, en el despacho jurídico de Raúl Morodo, donde se levantó acta de los grupos presentes y sus representantes para la organización. Pepín Vidal fue nombrado presidente. Miguel Jordà y yo fuimos designados secretarios de la Junta en Madrid. Además, me pidieron que fuese coordinador de dos áreas específicas: arte y cultura, y Moratalaz.

Comenzamos a preparar una presentación pública. Serían dos ruedas de prensa, una nacional en un salón privado de Arturo Soria, y otra internacional en el Hotel Luz Palacio (antes Hilton). Para la primera fuimos conduciendo en varios coches a periodistas de confianza. La segunda, para prensa extranjera, se convocó en un hotel de lujo, en un salón que reservamos Donato Fuejo (PSP) y yo. Pepín expuso el amplio plan de acción en televisión, universidad, amas de casa, barrios...

En el Ministerio de Fraga tenían controladas las comunicaciones de prensa. Parece que la primera captada fue de France-Presse. Al día siguiente estaba la policía en el domicilio de Donato, pero a esas horas ya viajábamos él, Carlos Sáenz de Santamaría (PCE) y yo, con la misión de asistir y orientar al grupo iniciador de la Junta en Murcia.

Al día siguiente Donato se presentó en mi oficina, sabía que él tenía una orden de detención. Aproveché el momento para desaparecer, y así resistí escondido más de dos semanas. Perdí la barba y me alojé unas veces en casa de Justo, o también de Silvia, que se alojaba esos días en casa de amigos. El PCE se comprometía a pasarme a Francia, pero no lo acepté.

Por fin, para evitar la habitual tortura policial, Joaquín Ruiz-Giménez aceptó representarme en el Tribunal de Orden Público, y me condujo hasta el juez. Llevé un maletín de ropa. Sabía que terminaría en Carabanchel.

Allí fui bien recibido en el grupo de la Junta Democrática. Estaban varios del 1001, Marcelino Camacho (padre espiritual), Nicolás Sartorius (teólogo joven) y otros, todo perfectamente organizado. Capté enseguida una similitud asombrosa con lo vivido en Comillas.

Te reirás ante estos apelativos, pero fue en la cárcel donde descubrí un asombroso parecido entre el Partido Comunista y la Compañía de Jesús como instituciones sólidamente construidas al servicio eficaz de un fin noble en sí mismo. Las dos pidiendo entrega total de sus miembros, los dos exigentes de una eficacia garantizada por una fuerte disciplina interna. Ambas buscando liderar a conjuntos menos organizados dentro de un fin similar. El PCE fuerte, cautivador, autoritario; la Compañía de Jesús extendiendo con "santa obediencia" la ampliación, formación y puesta a punto de la Iglesia Universal. En la Junta el PCE y los otros; en Comillas los jesuitas y los demás.

Me sorprendía al investigar cómo esa similitud podía enfrentar a ambas organizaciones, cuando los primeros cristianos ponían sus bienes en común. Tenía que haber otras causas, y pude concluir que la alta responsabilidad de sus líderes internos tendía a fragilizarse en situaciones diversas según los enfrentamientos o ambiciones personales.

Nada más fácil que ser marxista y cristiano a la vez, cuando se rescata el bienestar del proletariado o cuando se apoya al huérfano, al pobre, a la viuda y al preso, dicho en el lenguaje de Jesús. Pero cuando el superior "orgánico" pierde sentido crítico y se ciega sobre sí mismo o sobre cualquier injusticia dañina para la fraternidad, en esos casos la óptima organización deviene arbitraria tiranía.

Estos pensamientos resumen el núcleo de lo que aprendí en prisión, hasta la noticia de mi libertad provisional vigilada.

Tras mi liberación, me mudé a un estudio, por si mi casa anterior estuviera fichada. Y seguí con actividades diversas en relación con el proyecto de Federación de Partidos, que comentaré a continuación. Recibí visitas de Gastón (Aragón), Pedro Silva (Asturias), Rojas Marcos o Luis Uruñuela (Andalucía). Alguno se quedó a dormir.

Así transcurrió 1975. Me matriculé en Periodismo y, avanzado noviembre, "Su Excelencia" falleció.

Teníamos prisa. Había núcleos que no aceptaban el proyecto de Junta Democrática, capitaneados por el PSOE. Por nuestra parte bullía la idea de articular un socialismo autóctono, de estructura federal, teniendo en cuenta que el PSOE apenas existía en España y sus ancianos líderes estaban exiliados. Comenzamos con la articulación de esos núcleos, identificados progresivamente. Canarias, Galicia, Andalucía, Asturias, Aragón, Valencia... y el más potente de todos: Cataluña. En Madrid nació la Convergencia Socialista, formada por PSP, Reconstrucción Socialista, FIS, y nuestro pequeño grupo FID. Todos con sus líderes.

Llegada la primavera de 1976, se hizo la presentación pública de la nueva Federación de Partidos Socialistas (FPS) de España (en sede eclesiástica, por qué no). Estuvieron todos, incluido Reventós y su Partit Socialista de Catalunya-Congrés, el más fuerte a la sazón.

Fue un verano histórico. Coordinados por Joan Garcés, de la ejecutiva de la FPS, fuimos a Ginebra Pepe Bono (entonces PSP) y yo, para pedir a los miembros de la Internacional Socialista el reconocimiento del socialismo creado en España durante el franquismo. Nos introdujo Pepín Vidal. Tuvimos una buena acogida entre los partidos portugués, italiano, japonés, argelino y un líder de segunda del PSF francés. Del despacho del presidente Brandt nadie nos quiso hablar.

El PSOE lideró una "plataforma" distinta. Y en aquel verano visitaron España dos ministros socialistas: el francés Jean-Pierre Chevènement y el alemán Hans Matthöfer. Parece que dejaron claro el seguro apoyo financiero a los grupos de la FPS que se incorporasen al PSOE. De vuelta en Madrid encontré un nuevo lenguaje en los compañeros de la ejecutiva de la FPS.

En la primera asamblea se presentó una ponencia de diez puntos defendiendo la incorporación al PSOE. Era fruto de conversaciones ocultas entre directivos de nuestra ejecutiva federal y los franceses y alemanes. Ganaron por diez votos. La FPS se disolvió allí, pues los de Reventós aceptaron la oferta. Solo alguno (Obiols) prefería lo federal. Algunos discordantes se fueron al Movimiento Comunista.

PARÁBOLA DEL BOMBERO Y SINDICALISMO

Llegamos ya al desenlace político de mi vida. Superado 1976 se fraguaba un acelerón. Tuve una conversación, en una cena con el agregado cultural francés. En la mesa coincidí con José Luis López Aranguren y con Rafael Arias-Salgado. Les dije que me entendía como un bombero provisional e improvisado que, al ver la casa común en peligro, se apresura a salvar a los damnificados, mujeres, niños, ancianos. Esa había sido mi actividad. Luego vendría un gran camión rojo, con bomberos profesionales vestidos de amianto, cascos y herramientas. A mí me bastaba lo espontáneo y provisional. Aranguren escuchaba silencioso. Arias-Salgado dijo: "Pues mira, Luis, yo voy a vestirme de amianto".

Habría elecciones en 1977. Allí terminó mi dedicación a la política.

Pronto sabrás que recién incorporado en el Grupo INI, elegí la actividad sindical en la USO. Allí comencé la Unión Sindical de Trabajadores de la Administración (USTA), sin ser funcionario. Luego me tocó presidir el primer congreso de USO-Madrid. En USO estuve activo hasta finales de 1979, en que dimití de su ejecutiva de Madrid.

Habíamos pasado entonces el trance constitucional. Una gran manifestación de adhesión popular, con Fraga en primera fila. Y, elaborados silenciosamente, acuerdos diplomáticos con la Santa Sede unos días después, comprometiendo entre otros la educación.

Examiné la lista de los constituyentes que votaron en contra o se abstuvieron. Militares: 2. Alianza Popular, fundadora del PP, y UCD: 12. PNV y Minoría Vasca: 15. Minoría Catalana y Entesa dels Catalans: 4.

Mi reflexión es que permanecían tres cuestiones pendientes de solución: 1) la huella de la dictadura; 2) la cuestión vasca y 3) la catalana. No toda la sociedad ni todo el territorio completo estaban solucionados. Habría que resolver mejor la igualdad de los desiguales. Los federalistas teníamos razones. El sistema vasco recibió privilegios fiscales en recuerdo del catolicismo y los fueros tradicionales. El catalán, ni eso.

Quedaba, pues, algún agujero en el mito de la España imperial.

CAPÍTULO 9

A TRABAJAR

Vuelvo atrás, a 1976.

Una vez vuelto Luis Uriarte a Perú, el escaso sueldo de Fe y Secularidad no me bastaba. Me ofrecieron un puesto a media jornada en la Fundación Santa María del Espíritu Santo, que luego pasó a ser la Fundación del INI (Instituto Nacional de Industria) y posteriormente la Fundación Empresa Pública.

Se iba a crear allí un curso de formación en Organización y Gestión de la Investigación (OGEIN) para formar directivos de investigación y desarrollo (I+D) en organismos públicos o empresas. Había casos en que se promocionaba al investigador más brillante para dirigirlos, con el resultado de perder al investigador para ganar un mal gestor. El objetivo era formar directores ejecutivos para I+D. Tenían un prediseño del proyecto, que tendía a ser una especie de agencia de visitas a centros europeos. Me llamaron pensando en que podía ayudar en los contactos extranjeros. Pero pronto se vio que lo primero era formar a algún profesor español capaz de adaptar a España los últimos gritos de esta especialidad. Eran los profesores, antes que los futuros participantes, a los que había que formar. Más barato en viajes y eficacia real.

Me sumaron como segundo en una primera fase de diseño del curso, con Rafael Martín, subdirector de Tecnología en el INI, mi jefe, con un asesor, Pepe Gil Peláez, subdirector general en el

Ministerio de Industria. El primero conocía bien los activos tecnológicos del INI, el mayor grupo industrial de España, y el segundo orientaba sobre expertos varios en otras empresas o en organismos públicos de investigación (OPI). Con ellos se fue hablando del proyecto, y Pepe estableció un posible plan de asignaturas, a la vez que una lista de posibles candidatos para ser participantes en una versión piloto. Mi trabajo era de media jornada, compatible con Fe y Secularidad.

Cerraron la lista de asignaturas y se acordó repartirlas entre una decena de expertos dispuestos a impartirlas. Faltaba cohesión y, para ello, cada futuro profesor proyectó su parte. Iniciada la primavera de 1977 nos reunimos todos en El Paular para acordadamente cerrar el diseño de orden de materias, división de contenidos, etc. Uno de los profesores debió realizar un estudio fuera de España sobre técnicas de evaluación y gestión de proyectos de I+D. Terminado el diseño, se convocó una lista de participantes interesados. Todos de centros de investigación de empresas públicas, privadas u OPI.

Para cerrar esta fase se solicitó apoyo de J. M. Berenguer, de Telefónica, para introducir a los futuros participantes en la naciente tecnología digital. Se programaron visitas periódicas al Instituto Nacional Técnica Aeroespacial en Torrejón. Allí se podía acceder al estado de lo que iba a ser internet, en donde ya se accedía a bases de datos como Chemical Abstract o la Biblioteca del Congreso de Estados Unidos. No existían entonces en Madrid más que tres ordenadores IBM 360, uno de ellos en la sede de Astilleros Españoles, dentro del Grupo INI. Los tres trabajaban por tarjetas perforadas. Berenguer preparó un libro sobre estos temas, titulado *Información tecnológica y función de inteligencia*. Fue la primera publicación de la serie de OGEIN. En Astilleros Españoles se estaba introduciendo la doble tecnología de diseño y manufactura por ordenador (CAD-CAM), para cortar las planchas de los cascos de grandes petroleros y otros buques, inicialmente en Cádiz.

En otoño de 1977 se inició el curso piloto en el colegio mayor de la fundación (Ciudad Universitaria). Tuve que optar entre quedarme a plena jornada en la fundación o dejar la plaza libre. Elegí lo primero.

Mi vida cambiaba así radicalmente. De sociología y teología pasaba a un entorno compuesto de científicos e ingenieros, y el marco institucional de la Orden jesuita a la empresa industrial. En esa nueva atmósfera me desarrollaría durante nada menos que 13 años hasta el otoño de 1989.

INCISO AFECTIVO

Según avanzaba mi compromiso político, algo distinto y nuevo apareció en mi vida: la nueva relación con Silvia Schmitz.

Curiosamente no me cayó nada bien al conocerla en 1968. Desde el inicio valoré su carácter y estilo crítico, pero me disgustaba su modo brusco y frecuentemente agresivo en cualquier dirección, con una muy llamativa espontaneidad. Quizá ese modo brilló especialmente cuando vine a España avisado de la muerte de mi padre. Pasé a mi regreso por el Instituto, me preguntó a qué había venido y, explicada la causa, me felicitó. Con mi estilo "burguesito" lo consideré como una gran falta de educación.

Pero de vuelta a España, con la mayor madurez social adquirida sobre mi pasada y reconocida "ceguera", fui encontrando en ella una sintonía. Vi que simpatizaba con mi compromiso político, cuando entró en USO y en el comité de empresa, una vez separado el matrimonio entre ella y Justo.

Nada más abandonar la Compañía de Jesús encontraba ocasiones de relación afectiva con mujeres jóvenes que, con una sola blanca excepción, me trasladarían a un grado previo de madurez. Mi conciencia de misión sociopolítica trascendía los primeros contactos fáciles.

Silvia era otra cosa. Había vivido en un ambiente antinazi. Había vivido los movimientos estudiantiles en el Berlín de los años sesenta. Tenía el necesario espíritu crítico y manejaba un contexto cultural (arte, literatura) que enriquecía de lejos las escaseces de mi formación.

Un día, ignoro con qué ocasión, tomamos un taxi los dos, cuando ya había devuelto mi Citroën a la Compañía de Jesús.

Sentados atrás, pasé el brazo sobre su hombro y mi mano tranquila cubrió su pecho izquierdo. Ella nada dijo. Al bajar del coche solo comentó "porque, si estamos enamorados...". Sin decir más.

Se quedó tan sorprendida que solo varias décadas más tarde me habló repetidamente del desconcierto que había sentido ese día ante mi descaro, así lo describía.

Una vez anulado su matrimonio, Silvia y yo nos casaríamos en julio de 1982. En un capítulo posterior contaré mi experiencia del amor, siempre a propósito de ella.

SEGUIR TRABAJANDO

El problema que OGEIN ayudaría a resolver se reducía a mejorar la capacidad productiva de I+D tecnológica en España. Reinaba la profunda convicción de estar irremediablemente atrasados en este campo. Las patentes se compraban en el extranjero, en países más adelantados que el nuestro. Esto no había que demostrarlo, solo se daba por supuesto. Sirva esta anécdota para ilustrarlo: Enrique U. A., director de investigación en una gran empresa, contaba cómo acudió con dos adjuntos para mostrar a su consejero delegado un equipo nuevo que acababan de desarrollar. El CEO les dijo: "¿Pero no hay otro equipo japonés mejor y más barato?". Fotografía: que investiguen otros y nos ahorramos el dinero. Esto encajaba con otra correspondiente demanda de los tecnólogos españoles: el presupuesto de España para investigación era ridículo. Han pasado muchos años, pero andábamos por un 0,3% si no me excedo de optimismo.

Con aquel casi heroico profesorado íbamos comenzando. Nunca había experimentado una situación en que me era posible aprender tanto nuevo y tan decisivo para nuestra economía, sociedad, cultura y futuro. De aquellos agitados debates surgían relaciones personales, y hasta diría complicidades.

Terminado con éxito el curso piloto, se decidió sacarlo del colegio de la fundación e introducirlo en un marco docente oficial. El centro elegido fue la Escuela de Organización Industrial (EOI).

Allí se hizo el OGEIN en 1979 y tuve que instalar mi despacho de coordinador del curso.

Ese mismo año recibimos visita de José María Surís, profesor de ESADE en Barcelona. Habían oído hablar de nuestro proyecto y lo juzgaban interesante. ¿Sería posible diseñar una versión mixta de OGEIN y ESADE y realizarla en su sede? Decidimos estudiarlo. Se acordó un grupo de profesores complementarios de ambos centros.

Me hice cargo de la coordinación de los dos equipos, lo que me obligaba a residir en Barcelona una semana de cada tres. La primera intuición consistía en saber que una empresa que vende productos intensivos en tecnología necesita contar en su estructura con las competencias propias necesarias para desarrollarla, manejarla o mantenerla.

Tuvo lugar el curso en 1980. Cabe destacar la aportación de ESADE (profesor Baruel) en las técnicas de gestión y dirección de personas. Al mismo tiempo, IESE, a través de Pedro Nueno, se interesó también por OGEIN. En 1981 se realizó un segundo curso mixto, ahora con IESE, en un hotel de Madrid, y al año siguiente también, de nuevo en la sede barcelonesa de IESE. Esta cooperación se amplió, lo que nos permitió asistir a un curso especial impartido por IESE en el Instituto de Desarrollo Económico del Banco Mundial. El tema central era la metodología de elaboración de casos prácticos para el estudio de decisiones empresariales. Con este bagaje pudimos seguir trabajando en cursos posteriores y asesoramos en el estudio de casos varios, desde la cría de visones hasta plantas de energía solar. También ofrecimos al IESE una técnica metodológica para el diagnóstico de la situación tecnológica de las empresas, desarrollada por Raúl Pisano, director general de Metra Seis Economía.

Abro aquí un significativo paréntesis histórico. En 1980 tuvo lugar un giro, no solo tecnológico. Por un lado, revistas esenciales como la *Harvard Business* o *Business Week* coincidían en observar un cambio y una crisis industrial en Estados Unidos, típicos, como casi siempre, del sector del automóvil, avivada por la invasión de modelos japoneses y el declive de fábricas propias. Los japoneses copian y a la vez reorganizan la producción, muy particularmente el montaje. Gran desarrollo en logística, nuevo sistema de formación de operarios polivalentes, superación del taylorismo y la rigidez del sistema de "métodos y tiempos", del que seguíamos hablando en España y pude conocer antes en la USO.

Otro aspecto del "giro" concernía al conjunto social, nacional e internacional. Países como Argentina y Chile sometían al papa polaco al arbitraje en su contencioso territorial meridional. Algo pasmoso desde el Tratado de Tordesillas donde, a costa de los contendientes, Castilla y Portugal, se había impuesto un error cartográfico de incalculables consecuencias.

Y otro caso fue el trastorno político y económico provocado en el mundo anglosajón por la aparición de Thatcher y del presidente Reagan. Para este se ensayó un sistema de campaña electoral donde se encuestaba a la gente por sus deseos y necesidades, y adaptar conforme a ellos los discursos electorales de cada localidad. Un tema que abordaba un libro de la Fundación Telefónica, poco leído y titulado *Elecciones por ordenador*. La misma libertad se privatizaba sin remedio aparente, al mejor postor.

En aquel tiempo se nos acercó Narciso Pizarro, asesor del gabinete del ministro de Universidades e Investigación, Luis González Seara, para proponernos la aplicación a España de un estudio comparativo internacional promovido por la UNESCO sobre la productividad de las unidades de investigación. Aceptamos el encargo, para lo que fue preciso contratar un pequeño equipo dirigido por el sociólogo Ángel Carrión. Lo acompañaban dos jóvenes y competentes veinteañeros que iniciaban su vida profesional. El estudio comenzó sirviéndose del ordenador de Astilleros Españoles. Nos visitó Ivan De Hemptine, directivo de UNESCO encargado del proyecto, y allí se entregó el resultado. Años después he podido comprobar que ambos jóvenes han culminado sus carreras, jubilándose Fernando Pescador en la UCM como director del Departamento de Informática, y Pilar Granados, que comenzó de simple secretaria, como gerente de CIMEC, empresa sociológica especializada en el estudio del mercado cultural. He podido comprobar la satisfacción que puede uno sentir al haber acogido y empujado a profesionales de brillante futuro sin haber hecho otra cosa que creer en ellos.

En 1983 fui nombrado director del programa OGEIN. Hasta 1981 no me había atrevido a dar una hora de clase en materias tan técnicas. Pero en verano recibimos la petición de realizar una aplicación para investigadores del Consejo Nacional de Investigaciones Científicas y Técnicas (CONICET), equivalente argentino de nuestro CSIC (Consejo Superior de Investigaciones Científicas). Me presté a trabajar en el agosto austral y nadie se opuso a que pudiera impartir allí un módulo sobre formación de investigadores. Era la época de la Junta Militar, y el módulo se impartió en Tucumán, antigua sede de resistencia contra la dictadura. Fue un éxito, y desde entonces me encargué de aquella "asignatura" también en España.

Había más novedades. En 1983 propuse cambiar el nombre de OGEIN sustituyendo "investigación" por "innovación", aunque manteniendo la sigla. Eso permitió luego bautizar un nuevo curso OGEINNOVA.

Antes había ayudado a Eugenio Triana, mi director en OGEIN, a diseñar un curso para directivos de centros públicos de investigación, en el Instituto Nacional de la Administración Pública (INAP-Alcalá de Henares). Y, en la misma época, después de haber dado una asignatura en el máster de la EOI, proyecté un curso sobre innovación para empresas, ocasión para ampliar los efectivos de OGEIN con un joven ingeniero y una licenciada en Derecho, con especial atención futura a los problemas de negociación de contratos de transferencia de tecnología (inicialmente comenzados con el profesor Alberto Bercovitz).

Otra tarea importante apareció en el horizonte. Joan Almarcha, ingeniero de La Maquinista en Barcelona, se había vinculado desde el inicio al empuje de nuestro programa. Era la época en que brillaba el tema de la calidad industrial. Se agotaba en sesiones con las técnicas del llamado "control de calidad", siempre sobre producto terminado. Llegaba, como un nuevo viento saludable, el concepto de la "gestión de la calidad" garantizada de antemano: "cero defectos" era una nueva exigencia para cualquier producción. Todo conectado a su vez con la divisa logística del "justo a tiempo". Joan se especializaba en estos temas y produjo un exhaustivo manual de gestión de la calidad, que presentó a la alta dirección del grupo con muy buen éxito.

Fue aquella una última etapa de "redondeo" de las capacidades industriales del Grupo. Javier Blanco, como director de comunicación, emprendió con fuerza el apoyo a tareas de formación en sesiones complementarias, ya en el centro de Los Peñascales, ya en proyectos para una sola compañía, por ejemplo en Equipos Electrónicos, en la Empresa Nacional de Óptica o Construcciones Aeronáuticas.

Por último, en este campo el secretario general del INI, Santos Castro, me encargó la gestión de un paquete de fondos del Ministerio de Industria, destinados a financiar proyectos de investigación en diversas empresas del Grupo. Lo asumí sin discusión. En estos primeros años de vida empresarial me había sentido inseguro. Casi hablaba artificialmente deprisa, sintiendo que cada interlocutor me miraría con escepticismo. Y poco a poco me sentía aceptado, algo respetado, hasta ir perdiendo ese miedo que persigue a los humanos.

Había continuado entretanto el desarrollo regional promovido por el Grupo INI, y fui designado para el consejo y comisión ejecutiva de Sodicaman, dedicada al desarrollo industrial en Castilla-La Mancha. Establecí una estrecha cooperación con José Ramírez Gambín, y se inició una serie de proyectos de desarrollo en general rural.

El curso en el INAP avanzaba. En su versión de 1987 fui concluyendo que mi aportación fallaba por la escasez de mi formación específica en áreas técnicas cada día más especializadas. Entonces, la sede del INAP abandonaba Madrid y, desde el CSIC, pensaron encomendarme la creación y dirección de un Instituto de Gestión de la Investigación.

Hubo alguna primera reunión en ese sentido, pero coincidió con el inmediato cese del entonces presidente del CSIC.

Por otro lado, se me abría una duda personal: no tenía el suficiente "pedigrí" para asumir esa responsabilidad. Desde mi pasado filosófico y humanístico resultaba eficaz para mover voluntades en un campo abandonado, más que para llevar adelante la necesaria reorganización básica de un técnicamente tan complejo.

Recién nombrado llegó al CSIC un nuevo presidente, y me preguntó por aquel proyecto. En una especie de ataque de honrada coherencia dije que esa no era mi guerra, o algo similar. No insistió.

Una elemental sabiduría exige no asumir responsabilidades que a uno le desbordan ya. Me faltaba una plena seguridad de base técnica. Además, desde que Rafael abandonó la fundación y el programa OGEIN, este ya no contaba con el apoyo claro de la dirección de la Fundación Empresa Pública, su nuevo nombre. Había atravesado años de agitación de la puesta al día del Grupo, sobre todo en funciones promotoras y sensibilizadoras, un poco de "criada para todo". Pero tales supuestos éxitos parciales no bastaban para consolidar cambios necesarios en la industria y la sociedad.

Por otra parte, los trabajadores del programa eran personas muy jóvenes y profesionalmente competentes, claramente capaces de reorganizarse de modo eficaz. No habría otros damnificados.

Levanté mis antenas, abierto a cambios. El resto de los colaboradores hizo lo mismo en un corto espacio de tiempo. Quedaban excelentes relaciones personales, eso sí.

Aquel verano de 1989 me dejaba abierto a cualesquiera propuestas profesionales. De lo realizado en aquellos 13 años me quedaba cierta limitada satisfacción: no habíamos hecho otra cosa que empujar a nuestra sociedad en una dirección útil, necesaria y urgente.

Sobre la utilidad en lo personal, poco a poco me convencí de que en educación o formación un éxito individual es siempre suficiente. Si una persona adquiere un saber hacer algo nuevo, que personalmente le enriquece, ese es el logro singular. Siempre habrá más numerosas individualidades que no han aprendido mucho, o incluso casi nada. Pero una sola cambiada a mejor ya vale la pena cualquier esfuerzo. Cuando un día Bernardo Díaz, director de la fundación de la UAM, me dijo que, de no haber participado en nuestros cursos, él hubiera arrastrado su vida como "rata de laboratorio". Quizá él mismo al decirlo no era consciente de hasta qué punto me estaba haciendo feliz, dicho sea con mi infinito respeto a los laboratorios y sus simbólicas "ratas".

CAPÍTULO 10

MADUREZ PREMATURA (MÍA)

Verano de 1989. He concluido que no debo insertarme en el CSIC, porque la oferta me desborda técnicamente. Decido levantar antenas en busca de una nueva ocupación profesional. El título contradictorio de este capítulo responde a mi evolución personal más que a una ocupación compartida con socios muy maduros. Es en mi perfil donde se puede añadir adjetivo de prematura a mi madurez, entonces un poco improvisada.

Concha, antigua amiga y compañera en Sodicaman, se había incorporado en el Consejo de Cámaras de Comercio de España. Un día me preguntó si conocía una persona capaz de gerenciar la entidad dedicada a la "defensa de la marca". Recomendé a una persona conocida, que resultó adecuada.

Poco después me hizo otra consulta. Buscaban un gerente o secretario para una ONG donde se asociaran voluntariamente directivos de empresas, recién jubilados, dispuestos a asesorar técnicamente a otras empresas pequeñas que necesitaran su ayuda. Esta vez desvergonzadamente me recomendé a mí mismo.

El proyecto estaba precocinado. La industria española había jubilado recientemente a toda una masa de sus profesionales, concediéndoles pensiones más que aceptables. Había en España miles de pymes faltas de suficiente experiencia técnica. Tres entidades importantes españolas habían sido contactadas por asociaciones profesionales europeas de idéntico carácter (en países que ya habían conocido esta experiencia: Francia, Inglaterra y Alemania, para empezar). Las tres españolas eran el Consejo de Cámaras de Comercio, el Círculo de Empresarios y una agrupación de directivos denominada Acción Social Empresarial. Se habían reunido y concertado un plan. El nombre acordado fue Seniors Españoles para la Cooperación Técnica (SECOT), y se aprobó un presupuesto para una oficina, un secretario general, una secretaria y una máquina de escribir. Se habían impreso miles de ejemplares de un folleto que presentaba la idea.

Las tres se habían repartido el presupuesto, pero una de ellas, Acción Social Empresarial, no podía aportarlo y parte de su cuota la había negociado con la Asociación Española de Banca, que presidía Rafael Termes. Crearon una futura junta directiva, con representantes de las organizaciones y algunos miembros de los colegios profesionales de ingeniería y de otros, incluidos miembros de cabecera de las entidades organizadoras. La junta estaría presidida por José Joaquín de Ysasi-Ysasmendi, presidente del Círculo de Empresarios, y vicepresidida por Lucila Gómez-Baeza Tinturé, alma del proyecto en el Círculo.

Fui el candidato propuesto por las cámaras. El Círculo se informó sobre mí en el INI. Me convocó la directiva. Había estudiado el proyecto en Europa y presenté un informe. Planteaba tipo de oficina, metros cuadrados, inutilidad de una máquina de escribir sin informática para este proyecto y algún otro detalle de viabilidad operativa. Supe después que tenía un único contrincante, que necesitaba coordinar esta responsabilidad con algún consejo de administración. En mi caso se trataría de un empleo *full time*. Me adjudicaron el contrato. Era ya septiembre y había que comenzar.

Aparte de las presiones institucionales, propias de la variedad de promotores, solo aparecía ECTI, asociación francesa muy interesada en obtener o valerse de séniors españoles para prestar la asistencia técnica en América Latina.

Pilar Chaves, mi secretaria en la Fundación del INI, convertida entonces en Fundación Empresa Pública, se vino a SECOT con todo su peso de inteligencia políglota, y que terminaría mereciendo un puesto en la oficina del secretario general de la UE. Acordamos ambos dejar radicalmente de fumar al abrir la nueva oficina de SECOT. Pilar, a la que conocí muy joven, es otro ejemplo de ese perfil de personas que adquirieron niveles profesionales sorprendentes. Con ella compartí varias veces vacaciones estivales. Cuando ella llegó a la fundación tuve que pactar con la secretaria del gerente para que el informe sobre la valía de Pilar se midiera por algo distinto al número de pulsaciones por minuto. Una secretaria es una persona intensamente colaboradora, nada "mecánico" que ver con un mueble asociado a la asignación de un despacho.

En la Junta Directiva de SECOT surgió inicialmente algún problema. Era preciso, a mi juicio, disponer de un colaborador de perfil técnico. La primera lista de candidatos sénior tenía un 65% de ingenieros. Pero Termes hablaba de un economista, uno concreto. Además, aduje mi insuficiente experiencia tecnológica para completarla con un ayudante ingeniero. En cambio, anuncié que, para la administración y gestión económica, optaría por alguien designado por él mismo, como así fue finalmente.

Cualquiera podía ver que mi relación con Termes no sería simple, vistas ambas trayectorias. Él, además, se sentía incómodo con los de Acción Social, que habían recurrido a él para cumplir su compromiso económico. Pero lo cierto es que mi relación con miembros del Opus Dei en SECOT terminó siendo eficaz y satisfactoria. Desde el inicio nos respetamos y entendimos bien, a través de sucesivos avatares, de los que mencionaré alguno.

También influyó mi buena relación con otras personas próximas a Rafael, Ignacio García de Gúdal, por un lado y, por otro, la entrada en SECOT de José Ferrer-Bonsoms, testigo de un ala lejanamente heterodoxa del Opus. Simpatizamos pronto, y él me pidió ayuda para conseguir la admisión ciudadana de una inmigrante rusa, que había vivido graves e injustos problemas.

Cumplido un plazo estatutario correspondía elegir para la junta directiva una proporción de seniors ya asociados. Tuve una idea, consistente en sugerir atrevidamente a Termes que dimitiera de la junta. Quedaría así libre para ser elegido, como un sénior más y al margen de la aportación como banca privada. Sorprendido preguntó quién garantizaba que él saldría elegido, y le di mi palabra. Aceptó, dimitió por escrito y salió elegido con el máximo número de votos de los seniors.

Termes me enseñó luego más cosas. Me hizo entender que, si la situación económica de SECOT era muy favorable, ese no era un dato que publicar con la menor pasión. Mejor dejar correr el éxito sin molestarse en agitarlo a los vientos. Pura sabiduría experta.

Termes fue también decisivo para el lanzamiento de SECOT en Cataluña. En la Cámara de Comercio de Barcelona su influjo robusteció el interés y la colaboración en la gestión de nuestro proyecto. No mucho después se avino a encabezar una presentación de SECOT en la Fira de Barcelona. Allí dio su breve conferencia Claude Favre-Epstein, presidente de EGÉE, otra organización francesa de seniors, cuya cooperación sería más desinteresada que la de ECTI y llegaría a estar plenamente centrada en la UE, como verás.

Mi último motivo de sintonía con Rafael Termes vino de una anécdota particular. Un mal día se supo que un socio reciente se había dirigido en tono despectivo a una de las solo dos o tres mujeres seniors que formaban parte de la asociación. Esta se sintió ofendida. Por mi parte intervine y le pedí a aquel que se disculpara, a lo que se negó. En la primera sesión de la junta directiva presenté el caso y propuse la expulsión del socio (que estaba muy enfadado). Se produjo enseguida en la junta el típico momento de duda. ¿Me estoy insubordinando? Soy un empleado, no un jefe. A los representantes de las instituciones no les gusta que fuercen su mano. Y entonces salió Termes a la palestra y declaró esas conductas como intolerables, conminando a su expulsión radical. Las instituciones callaron. El "acusado" consultó a un abogado, que le aconsejó plegar su posición. Se ejecutó la salida del sujeto. La compañera se tranquilizó y yo respiré.

Ya he relatado que el origen del proyecto SECOT había sido internacional, de seniors franceses, pero pronto se pudo comprobar que SECOT no prometía una buena expansión internacional. Tardé en formulármelo. Fuera de España se contaba con buenos técnicos que pudieran prestar asistencia, pero había al menos dos diferencias esenciales. Pude comprobarlo a través de continuados contactos y experiencias europeas en el marco del "voluntariado sénior" europeo.

La primera diferencia residía en la gran proporción de profesionales europeos de empresa, que habían trabajado en situación colonial. No digamos los británicos u holandeses, sino también específicamente belgas y franceses. Al ir tratando con ellos notabas que esos ingenieros o tecnólogos habían tenido que trabajar de modos artesanales, en situaciones sociotécnicas muy elementales, a veces ni siquiera artesanales. Se habían adiestrado en proyectos a veces minúsculos, ayunos de elementales apoyos prácticos. Tenían a menudo una especie de "experiencia pyme" que ocupaba espacios enteros de su pasado profesional. Muy distinto de un señor ingeniero español. En cuanto a las ciencias más puras, en nuestro país se seguía soñando con Ramón y Cajal, Isaac Peral y demás "Picassos" técnicos. Aquellos excolonialistas europeos habían sido trabajadores arremangados, consecuentemente más capaces de asistir en minúsculos proyectos, nada que ver con nuestros señoritos.

La otra gran diferencia residía en el aislamiento tradicional de España y la enorme dificultad colectiva para manejarse en otras lenguas. Esto bajo dos aspectos: el primero, la dificultad para un español de colaborar compartiendo ocupaciones con otros seniors, por ejemplo franceses. Y segundo, aun tratándose de América Latina, existía el problema práctico del lenguaje técnico que, como el caso latinoamericano, estaba muy influido por el vocabulario angloamericano, o por impuesta familiaridad con las marcas y equipos no españoles.

En 1993, año europeo de los mayores y de solidaridad entre las generaciones, fue ocasionando decenas de encuentros entre seniors europeos (incluidos todavía los británicos). Aparecieron entonces los holandeses, por cierto menos sensibles a las exigencias del voluntariado, lo que generó debates en la Comisión Europea.

Todo ello era distinto en el caso de China, que invitó a una comisión de SECOT en 1994, por habernos conocido por vía de ECTI. Pero China no pedía ayuda para pymes. Vinieron a España y

SECOT les ayudó a visitar el proyecto solar en la Junta de Energía Nuclear. Era un asunto de Gobierno.

Vistas las dificultades objetivas para ser operativos en asistencia técnica internacional, en aquellos mismos días llegaba a pensar en ceder mi responsabilidad global sobre SECOT. El problema se generaba en las mal solapadas guerrillas internas. Se me atacaba desde dentro de la secretaría general. Se golpeaba mi prestigio en la organización, cuestión en sí menos importante que el proyecto mismo. Había sido débil frente a alguna concreta envidia, que ahora pretendía pasarme factura. Y lo cierto es que en algún ámbito institucional llamaba la atención mi iniciativa personal, que Ysasi-Ysasmendi me había concedido de modo llamativo. Ya se me había criticado un posible *ego trip* ("viaje del ego") a partir del gran reportaje de la revista *Interviú*, que pacté con los editores, con el título "El Buen Retiro" y fotos de los seniors en las barcas del estanque madrileño. El cambio de presidencia de SECOT y del Círculo marcaba frontera.

Propuse ceder la secretaría general para hacerme cargo de un departamento internacional, que en cuanto línea de proyectos de asesorías apenas había funcionado. La idea fue rápidamente aceptada.

Pero aumentaban las tensiones. La delegación de Madrid, la mayor en número de socios, desarrollaba mucha menor actividad en comparación con la de Barcelona, por citar los dos extremos de una entidad que en 1996 contaba ya con 20 delegaciones en España, y que en siete años había reclutado cerca de 700 seniors, con solo cuatro puestos directos de empleo específico. Vista la situación, reuní copias de contratación de proyectos y evaluación de sus resultados en Madrid realizadas por los clientes. Su examen atento permitía alguna posible sospecha (que no prueba) de que ciertas evaluaciones positivas hubieran sido adelantadas a momentos anteriores al cierre de proyecto. No siendo experto en grafología ni en matices de contenido técnico de los trabajos, dirigí el juego de los documentos al presidente y a la vicepresidenta de SECOT, sugiriendo la posibilidad de que alguna de las consultoras que apoyaban a SECOT emitieran el juicio crítico que permitiría garantizar aspectos de la gestión, o al menos del control, de la calidad del trabajo de SECOT. La propuesta fue rechazada de un plumazo (dando por probado el indicio). Esa sorprendente negativa fue "porque peligraría" la subvención a SECOT de alguna de esas empresas supuestamente consultadas.

Mi compromiso con el proyecto SECOT recibía allí un primer frenazo. Y en medio de ese ambiente, un amigo me contaba que se habían reunido seniors interesados por lo internacional para comentar que mi trabajo estaba excesivamente retribuido (utilizando por cierto cifras falsas e hinchadas) y que alguno de ellos se sentía capaz de hacerlo por menos dinero. Era la guerra.

Casualmente en los mismos días, Carlos Fernández-Lerga, un antiguo amigo, me llamó a casa. Me contó que acababan de nombrarle secretario general de la Sociedad General de Autores y Editores (SGAE) y necesitaba un colaborador. Era viernes. Nos citamos para hablarlo el domingo. De nuevo alguien me sorprendía cazándome con mis antenas levantadas.

Se negoció sobre el asunto, avisé que abandonaba SECOT y en septiembre firmé un contrato con la SGAE para ocupar un puesto, previamente inexistente, de director de Relaciones Institucionales.

Adiós SECOT, y a tantos amigos nuevos.

CAPÍTULO 11

CANTANDO EN PROSA - SGAE

NUEVA EMPRESA: DERECHO DE AUTOR

Carlos Fernández-Lerga me contó. Amigo alegre. Hacía algunos años que no nos veíamos. Mucho antes habíamos coincidido y simpatizado en alguna pelea de "oposición democrática". Era el más navarrico de mis amigos. Estuvo relacionado con el grupo Reconstrucción Socialista y con Enrique Barón en particular.

Se ocupó además de asuntos europeos, ya antes de cerrarse la entrada de España en la CEE. Me implicó con otros en la LECE, la Liga Europea de Cooperación Económica. Recuerdo una divertida y triste anécdota que me contó. Una comisión de franceses estudiaba nuestra producción vinícola. Se les dieron datos oficiales de superficie española de viñedos y producto en el momento. Y se enfadaban los franceses, seguros de ser engañados. Era para ellos imposible una producción tan escasa para aquellos enormes viñedos. Carlos argüía solamente que nuestros viñedos eran poco productivos. Nadie pretendía devorar los vinos franceses desde aquí.

Nos relatábamos amistosamente cosas así. Visité a veces su despacho de abogado, y él me ayudó en algún proyecto relacionado con mi trabajo en desarrollo tecnológico.

En 1997 su llamada me sorprendió, y su propuesta, más.

Su nombramiento como secretario general de la Sociedad General de Autores y Editores era una nueva experiencia para él. La dirigía un cantante conocido, del grupo Los Canarios, Eduardo Bautista (Teddy). Él había conseguido revolucionar la gestión de los derechos de autores musicales españoles, con el apoyo decisivo de la informática, tal como anteriormente él había percibido en Estados Unidos. Esta aportación había revolucionado la SGAE muy decisivamente desde los setenta. Ahora era preciso continuar.

Carlos me contaba que era interés de Teddy disponer de un director que pudiera prestar atención de proximidad a socios importantes de SGAE. Lo hablamos, y descubrí que ya existía un "departamento de socios" con un director. Por otra parte, indagué sobre los activos precisos para fortalecer la SGAE y su gestión de derechos. Me hablaban de algún campo que no tenía responsable asignado. En cambio, respecto a los socios, me sentía muy ajeno al mundo interno de los autores, y a pesar de mis aficiones, me sentía incapaz de asumir un cargo con responsabilidades de tanta cercanía ante profesionales de la música. Pregunté quién era responsable de relaciones con las instituciones y con los medios de comunicación, pero no encontraban una respuesta. Pensé que necesitaban una presencia activa en lo público, que pusiera en valor la obra de los creadores artísticos.

Carlos tomaba en serio mis propuestas, habló con Teddy y quedamos a comer un día los tres. Llevé un escrito sobre posibles modos de poner en práctica esas funciones. Se aclaró mucho la cuestión. Precisaron sus necesidades (que, para Carlos, recién incorporado a la casa, resultaban bastante nuevas). Hablamos de nuevo los dos "novatos", y las ideas eran recibidas con gusto.

Fui concluyendo que las expectativas, tan amplias, desbordaban la capacidad de trabajo ejecutivo de una persona. Había que distinguir el trato con entidades públicas e instituciones sociales, por una parte, y el trabajo de un responsable de dirigir y fomentar la presencia activa de SGAE en los medios de comunicación, por otra. Dicho en términos prácticos, necesitaban dos responsables o departamentos, de Relaciones Institucionales, y de Comunicación. Me sentía capaz de organizar lo primero, pero lo segundo, no.

Creo, y reconocí después, que entonces no fui consciente del desafío de establecer cierto orden en una casa instintivamente desordenada. Entendieron la necesidad de crear Dirección de Comunicación. Dije que conocía un buen candidato y lo propuse, primero a él, luego a ellos.

Había conocido a Javier Blanco por casualidad, coincidiendo en el despacho de Vicente Sidro, subdirector de tecnología del INI, un ingeniero trabajador y discreto que tenía medio oculta su pasión por el violín. Javier procedía de una empresa del grupo y se incorporaba en la Dirección de Comunicación del INI. Fue en 1981, y nos caímos muy bien.

Javier se interesó pronto por la formación que realizaba OGEIN. Y su puesto le permitiría apoyarla. Tomaba en serio la cuestión. Fue cuando el INI abrió su escuela en Los Peñascales. Aportaba un dinamismo y talante positivo para las acciones de fomento de capacidades humanas. Junto con otros promovió una política de comunicación empresarial más agresiva, lo que le llevó a ser fundador de Dircom, la actual Asociación de Directivos de Comunicación. Entendía la comunicación empresarial como externa, de empresa y sociedad, e interna dentro de la empresa misma, con la consiguiente atención a los medios y la formación. Y desde entonces seguimos colaborando mucho, hasta programar alguna experiencia *in company*, como por ejemplo en la Empresa Nacional de Óptica (ENOSA), con participación de su propio presidente. El INI contrató servicios de una empresa de formación, Qudos, en parte fundada por un antiguo responsable del área en Pegaso. Con ellos trabajamos en no pocas ocasiones.

Ya desde SECOT supe que Javier estaba teniendo alguna dificultad con una nueva dirección de alto nivel en el INI, que ya se llamaba TENEO. Entonces le sugerí que quizás podría dirigir la comunicación en SGAE. Él estuvo de acuerdo y presenté su currículum a mi reciente jefe, el cual lo habló con Teddy. El perfil era imbatible, y lo aceptaron.

En aquellos mismos momentos sucedió algo para mí inesperado, donde empecé a constatar el extraño estilo organizativo que se había implantado en aquella casa. La SGAE poseía una fundación, y la presidencia decidió que la comunicación debía depender de ella sin tener relaciones con la estrategia del conjunto institucional, y desde luego al margen de la secretaría general.

Por mi parte preparé un esquema de línea institucional a seguir, proponiendo estrategias y objetivos a lograr ante el Congreso, el Senado, las comunidades autónomas, los partidos, las instituciones culturales, el Parlamento Europeo, las sociedades de derechos de autor de otros países, etc. Una vez analizado tal programa con el secretario general, este lo propuso al presidente, pidiéndole que lo estudiara con vistas a una reunión con él. Esa reunión todavía no ha sucedido. Con los años, llegué a entender por qué.

El claro protagonista del éxito de SGAE había alcanzado el poder dentro de la institución gracias a las ideas informáticas traídas de los Estados Unidos y envueltas en contactos internacionales. Falto de formación organizativa e institucional se puso a dirigir una entidad en estado ruinoso, reuniendo ayudas y consejos. La informática detectaba cada ejecución de una obra de autor miembro de SGAE, y permitía cobrar sus derechos. No siendo los músicos gente de negocios, el hecho de recibir una compensación los motivaba mucho. Y más cuando el monto del derecho se proporcionaba por los ingresos de taquilla, por cada ejecución pública de una obra musical.

Sin duda sin la menor intención delictiva, y contra interpretaciones malignas, el juicio que mantengo es que Teddy pudo asegurarse un firme control de la organización y mantener en ella un fuerte poder. Sabía que debía asesorarse constantemente y pagaba a asesores, elegidos a veces con entusiasmos pasajeros. Sabía que debía contratar a jóvenes empresarialmente novatos, pero sí ambiciosos por progresar dentro de la casa. Sabía que no todos los autores eran arrasadores de éxito, y la idea de crear la fundación permitía vistosos eventos públicos, concesiones de premios, ediciones de obras en la agradable y divina función de "premiar a los buenos". Era una persona muy sensible, y el sentimiento le guiaba. Esa era la verdadera estrategia de sus prácticas, que algunos calificaron de "adolescente", con el que nunca llegué a identificarme. Pero entenderlo era algo.

Y cierto es que, respetando su éxito y pragmática voluntad, he sentido aquí la obligación de haberme extendido, entrando en la SGAE, sobre la figura de Teddy.

EN MATERIA

Mi primera sorpresa era la misma identidad de SGAE. Tenía metida la idea de que la "E" todavía representaba "España". Error.

"AE" se había mantenido no como "Autores de España", sino "Autores y Editores" (de música, no de libros). Para los correspondientes derechos de autor había otras entidades. Y, segunda sorpresa, SGAE no era una plataforma cruel y todopoderosa, sino una entidad no lucrativa. Mira por dónde tuve que caer en otra ONG. Capté la urgencia de estudiarme la correspondiente ley, alias Ley Solana.

Con Javier Solana había podido coincidir en cuchicheos diversos entre ariscos antifranquistas, e incluso habíamos coincidido en Coordinación Democrática de Madrid (conocida como Platajunta), representando él al PSOE y yo mismo a la Convergencia dentro de la FPS. Pero nunca me había relacionado mucho con él desde su acceso al Gobierno. Recuerdo solo escuchar una conferencia suya sobre la ciencia en España donde insistió, a mi juicio unilateralmente, en las ciencias positivas y de la naturaleza, más que en las más humanas e histórico-políticas, que era donde más dolía el zapato de nuestra incipiente España.

El mundo de derechos de autor me sorprendía. Para empezar, por su aparición en la Declaración Universal de Derechos Humanos. Y la variedad de situaciones aplicables en su recaudación. Los años desde el fallecimiento de un autor, las formas de difusión de las obras, etc.

GUERRILLA, PARA EMPEZAR

En cuanto a los derechos, llamaba la atención la denominación de "comunicación pública" cuando no se trataba de ejemplares físicamente multiplicados o editados, sino más aéreamente ejecutados o sintonizados para placer de un público o transmisión de un disco. Había que pagar un dinero al autor o sus herederos por cada uso o disfrute físico de su obra, lo que se medía en términos de porcentaje de taquilla o similar. Un autor debe ser retribuido cuando el público disfruta de su obra. Pero ¿cómo calcular su derecho de comunicación, cuando el Concierto de Aranjuez de Joaquín Rodrigo hace disfrutar a mil japoneses en una isla asiática? ¿Quién lo controla? ¿Y la taquilla? Lo debe controlar la entidad recaudadora de derecho en el lugar de la comunicación pública, abonando el importe a la entidad en la que se encontraba contractualmente asociado el autor.

Si ya sabías bien de qué se trataba en mi nuevo empleo, has podido saltarte los párrafos que anteceden. Pero he creído conveniente contarlo, vista la radical ignorancia de la cuestión que compartían muchas de mis más cultas amistades, comenzando por mí mismo.

Cuando mi primo Antonio, que celebraba en una masía cenas de boda en las que sonaba música, tenía que entender que el representante de SGAE en Catalunya le pasara pequeñas facturas. Hablábamos los dos, y entendíamos el porqué de la cerrada oposición de empresarios de hostelería, que trataban de cambiar las leyes internacionales, y sobre todo las nacionales, para aligerar su taquillaje, consiguiendo a la vez que su público se sintiera más a gusto en un ambiente agradable. En resumen, deseaban hacer disfrutar a la clientela, pero sin pagar al autor de la música por su producto.

Deberás entender ahora que desde 1997 hasta inicios de 2002 España estuvo gobernada, con mayoría fácil o incluso absoluta, por un partido unánimemente votado por el empresariado, y más por el de a pie, muy poderoso en el ya citado sector de hostelería, uno de los más fáciles de organizar y coordinar, apoyado en razonamientos de cómoda base intuitiva. Eran millones de pequeños adversarios. La Ley Solana y el derecho internacional eran fantasmas por derribar en este asunto. Y la comunicación pública era el punto más débil de mantener, visto el impacto tan internacional de la música y la variedad de su posible reproducción.

Se añadía la dificultad de que el derecho internacional del sector estaba siendo impugnado o incluso incumplido en algunos países, muy especialmente en Estados Unidos. A las objeciones "eruditas" del pragmatismo anglosajón se sumaba en medio mundo la misma ignorancia del derecho y, desde luego, la gran dificultad técnica para gestionarlo con eficacia. La OMPI (Organización Mundial de la Propiedad Intelectual), con sede en Ginebra, tenía un poder claramente insuficiente para urgir a la práctica de la legislación internacional.

Desde la primera conversación, ya fuese en la misma SGAE o en el Congreso de los Diputados, pudimos comprobar que en este derecho y en su protección iba a centrarse la actividad más importante, todo un combate, sin la menor duda, frente a una patronal respaldada a fondo por el Gobierno.

¿Con qué contábamos? Con el derecho internacional, la simpatía difusa de los partidos de izquierda y, en un ámbito mediático, las posibles intervenciones o quejas públicas de autores conocidos, o incluso populares, cuando veían peligrar sus derechos. La aplicación concreta de estas "herramientas" debía administrarse tras un debido esfuerzo informativo o una peculiar labor de "inteligencia" para anticipar cada batalla o escaramuza. Lo que de hecho se jugaba allí ascendía a algunos cientos de millones al año, que SGAE repartía entre sus miles de socios.

MOTOR DE ARRANQUE

¿Cómo empezar? Visité al director de la fundación. En la primera charla destacó una frase suya: "Tú eres hombre de Lerga". Literal el mensaje: "conmigo no vas a contar". Aviso a navegantes...

Trabajosamente traté con la directora de personal. Burocracia. Si se me contrataba, es porque Teddy lo había dicho. ¿Espacio de trabajo? Un despacho compartido en la planta superior. ¿Colaboradores? No había nada previsto. ¿Secretaría? Tampoco.

Luego sabré que soy y seré el director peor retribuido de la casa. El nuevo secretario general es persona que viene de fuera, de otra tribu, postizo.

Comenzamos alguna gestión para instalarme. La directora me propuso una candidata. Era de su misma tierra y casualmente hija de una amiga mía. Me visitó. No tenía ni idea de derecho de autor. Le interesaba un puesto de orientación ecologista. Hice una gestión ante un amigo que se había ocupado de problemas de polución fluvial. Pero no conseguí nada para ella.

Poco después me visitó una joven, Maite, que acababa de terminar un máster de dirección de negocios en Miami. Una amiga suya, que trabajó con Lerga y conmigo, le había hablado de nosotros. Fue un flechazo mutuo.

Acompañé a Carlos a la Delegación de la CEE en Madrid. Un contacto suyo ayudó a encontrar a un funcionario europeo, documentalista experimentado, que podría querer venir con nosotros desde Bruselas. Su perfil de documentalista internacional gustó a Teddy. Miguel Oppenheimer se llamaba, y aceptó la oferta.

Adriana Moscoso del Prado, hija del anterior secretario general de la SGAE, llegó de Estados Unidos, donde había realizado un semestre sobre derecho de autor. Se le sugirió su incorporación a un equipo de Relaciones Institucionales. Aceptó.

Los nuevos se iban incorporando en despachos de la planta alta del edificio modernista, donde inicialmente me colocaron. Entre los mismos movimientos me sugirieron ocupar un despacho amplio en la galería o especie de claustro de la planta baja, donde me sería posible recibir y atender discretamente a visitas de personas de otras instituciones.

LA 'UNIDAD DE ANÁLISIS'

Se estaba formando cierto equipillo a medida que los nuevos se iban incorporando. Un tiempo después vimos la necesidad de compartir análisis e informaciones de cuestiones interesantes para el incipiente grupo. Se trataba de compartir información sobre el entorno institucional de la SGAE y sus tareas. Grupos contactados, ecos y pretensiones varias. Me dio por bautizar las reuniones periódicas para la puesta en común y participación, detectando problemas e informes. Nombramos aquello como "unidad de análisis". A sus reuniones podría citarse, en casos convenientes, al secretario general o incluso al presidente del Consejo de Dirección, que era el cargo poliédrico de Teddy, así como de sus dos ya antiguos asesores. Delgado sobre derecho de autor y Santillana sobre cuestiones económicas e historia de la casa.

En la UA, como la llamábamos coloquialmente, se revisaba cada semana toda la información disponible, se comentaban los ataques a nuestra misión que tramaban entidades diversas y se acordaban acciones o entrevistas por realizar. También era posible invitar, con algún pretexto, a alguno de los representantes de SGAE en países, regiones o CCAA.

Desde el punto de vista político necesitábamos el mejor seguimiento de proyectos de la Secretaría de Estado de Cultura, y de las patronales o sindicatos implicados, incluida la programación de presentaciones nuestras en medios como la CEOE, donde Javier Blanco, invitado frecuente en la UA, había gerenciado una Federación.

Los diálogos en el Congreso, y hasta el Senado se relataban y comentaban en grupo.

Así fuimos sorteando dificultades políticas diversas, tramadas contra el cumplimiento de tareas de la SGAE, hasta el punto en que Pedro Galindo, presidente de la Federación Española de Hostelería, dijo que teníamos un grupo de defensa que bien valía cientos de millones. No en sueldos, sino en derechos…

FIESTAS

Era preciso aceptar una implicación activa de los socios. Se organizó una manifestación en la calle. Se jaleó la concesión del Premio Nacional de la Música por parte del Gobierno, se había aireado el Premio Francisco de Vitoria y se crearon los Premios de la Música, que fueron sucedidos por los MAX del Teatro.

Llegaba el momento de cumplir el centenario de la SGAE, lo que implicó una gran gala en el Teatro Real, con presencia del presidente del Gobierno y el del Parlamento Europeo.Y, con idéntica ocasión, tuvo lugar la recepción de los Reyes en el Palacio de La Zarzuela a toda la Junta Directiva de la SGAE. Poco después se celebró en Madrid una recepción al Gobierno, a la que asistieron cinco ministros. Era como hacer "las paces" con el Partido Popular. Cierto que poco antes la UA tomó detalles del texto que el Gobierno preparaba en el Senado, introduciendo una reducción importante de derechos en la postrera y navideña Ley de Presupuestos. Alguien filtró el texto preparado al efecto. Reunido un consejo de urgencia se lanzaron anuncios a los medios, donde diversos autores conocidos protestaban contra el Gobierno. El hecho suscitó una autocrítica interna en el PP, que retiró el texto.

EUROPA

En determinados momentos de esta historia surgió en el Parlamento Europeo la apertura de trabajos para una "Directiva sobre el derecho de autor en la Sociedad de la Información". Acordamos la necesidad de hacernos presentes en aquella trabajosa elaboración. Carlos fue allí en algún momento, pero mi compañera constante fue Adriana Moscoso, tanto en Bruselas como en Estrasburgo. Allí aprendimos algún detalle de lenguaje informático, pues inicialmente no supimos bien qué era un "proxy". En esas visitas nos era de gran ayuda la guía de europarlamentarios españoles, como Manuel Medina o Joaquín Almunia. E incluso del Presidente del PE, José María Gil-Robles.

En una de esas aventuras coincidimos con una conocida de Medina, que nos informó sobre el posible interés de Sophie Valais, una jurista francesa que se instalaba en Madrid con un español. Era especialista en derecho de autor en Francia y, sin duda, unapersona valiosa para nuestro equipo. Sophie vino a la UA, contenta con la propuesta.

JAVIER SE VA, OTRO VENDRÁ

Fue una lástima.

Por el contrario, me acercaba a la edad oficial de mi jubilación. Blanco no había terminado de cuajar en la fundación, de lo que en parte fui corresponsable, cuando él me pidió que le sustituyera en reuniones de trabajo con las sociedades de derechos alemana o italiana. Se creó un onflicto y Javier presentó a Teddy su dimisión.

Llegó un nuevo director a su puesto, pero apenas tuve el tiempo suficiente para cooperar con él.

UN DISGUSTO, Y CIERRE DE MI ETAPA EN LA SGAE

Se concibió un plan, para alegría de Teddy. Entabladas relaciones positivas con la OMPI, surgió la idea de que la SGAE era capaz tecnológicamente de gestionar los derechos de autor de tres países latinoamericanos, para empezar.

El director general de OMPI vino a Madrid para visitar la SGAE. Se hicieron planes y se concertó una reunión con el director técnico de OMPI para presentar formalmente el proyecto. Me dirigí a la empresa que tenía contratado el desarrollo informático de la SGAE. Me recibió una joven, a quien expliqué el proyecto, pidiendo su presentación en Ginebra. No le descubrí mucho interés.

Con mi viaje planeado ya, me dijo que me iba a acompañar otro técnico, el cual no se presentaría más que a la hora de la reunión. Tomó la palabra ante el director, que había citado a algunos representantes de otros países, también africanos.

El técnico, cuyo nombre no he retenido, se extendió en ejemplos sobre su capacidad de captar y facturar derechos, como el de Joan Manuel Serrat.

El mensaje quedó claro: la SGAE de España aspiraba a cobrar los derechos de sus socios en otros países menos desarrollados que España. Me sentí ridículo y no se habló más. Vi hasta qué punto los cargos "institucionales" seguían siendo vistos como señoritos postizos en la organización.

Con 64 me tuvieron que operar de apendicitis, raro a esa edad. Y con los 65 ofrecí una copa de cava en mi despacho. Al siguiente día fui a recuperar la información personal en mi ordenador. Pero este había desaparecido. Era una norma técnica. Si has visto imprecisiones en este capítulo, excúsame. Gracias.

CAPÍTULO 12

EDICIONES POLÍTICAS

LA FUNDACIÓN ALTERNATIVAS

En septiembre de 2001 se jubilaba Silvia, y a mí me tocaba hacerlo en enero de 2002. Me dediqué a vender con prisa la casita que habíamos construido, y con parte del dinero compramos un piso de un solo nivel y con ascensor para subir y bajar sin problemas durante la vejez. Dicho y hecho, en julio estábamos transportando cosas y muebles al nuevo domicilio.

Cerrada la operación busqué el contacto de Joaquín Almunia Amann, a quien sabía implicado en una fundación dedicada a la formación de líderes políticos y sindicales. Ambos habíamos oído, el uno del otro, a través de dos tías suyas, que habían colaborado generosamente en Fe y Secularidad. Él me conocía como crítico del PSOE desde la izquierda, pero nada nos impediría colaborar. Le ofrecí mi ayuda voluntaria.

Me contó que iba dirigir un nuevo departamento de la Fundación Alternativas, aclarándome que esta no pertenecía al PSOE. Su objetivo era contribuir a la mejor formación teórica y técnica de los militantes políticos o sindicales de la izquierda en general. Tal departamento se llamaría "Laboratorio de Alternativas", y él había contado para su financiación con algunas empresas, las primeras interesadas en evitar críticas incompetentes. Buena y necesaria idea.

Joaquín tenía ya encargados varios estudios, alguno con plazo próximo de entrega. Pero no tenía el menor diseño para editarlos y hacerlos circular en un breve tiempo.

Le prometí mi colaboración en una idea tan útil y necesaria. Él me indicó que Antonio Cadena, joven profesor de Derecho en la Universidad Carlos III de Madrid sería su segundo de a bordo en el Laboratorio.

Me puse al trabajo, era claramente necesario establecer ante todo un modelo editorial de lo que sería la nueva colección de documentos.

Nos reunimos algunos con el mismo Almunia como equipo de trabajo para acordar un modelo (y contarlo a los autores, que deberían atenerse al formato). Propuse una estructura conceptual, así como una forma unificada de incluir las citas. Poco a poco fuimos constatando que en realidad necesitaríamos crear una hoja de estilo con instrucciones para los autores y normalización del trabajo de algunos editores que verificaran los documentos. No hallamos modelo para eso hasta dos años después, porque los "libros de estilo" del momento pertenecían a medios de comunicación y se concentraban en modos de estructurar noticias. Tendríamos que adelantar allí un trabajo adaptado a expresar textos, de análisis de datos, de ideas o casi ensayos y principios socio-políticos. Comprobé allí el "estilo Almunia": él estaba en todo hasta el menor detalle y, una vez llegado a conclusión que consideraba acertada, respaldaba a fondo lo que se había decidido.

Comenzamos estableciendo un modelo de estructura de documento, dialogando con la empresa de ediciones con la que colaboré luego durante años en proyectos diversos. Los recomendaba mucho el gerente de Alternativas, hermano del Carlos Elordi con quien había tenido largos tratos en tiempos de "la oposición". Nada como un buen consejo, pues todavía tuve otros trabajos desde nuevas y posteriores ocupaciones. Son sobre todo grandes amigos, además de editores u organizadores de actos y presentaciones.

JUBILACIÓN PARCIAL

Me había ofrecido como apoyo voluntario, pero Joaquín no estaba de acuerdo, ya que esa modalidad acababa dando problemas. ¡Ni que él hubiera estado conmigo en SECOT! Descubrí que el Gobierno Aznar había creado un sistema de jubilación, donde el pensionista podía contratar una parte de su jornada, y la empresa correspondiente la retribuiría en una proporción superior. Me acogí en un 20% a Alternativas.

ESTUDIOS DE PROGRESO

Cada documento debía incluir un título claro, una identidad profesional del autor, un resumen ejecutivo de extensión limitada, esquematizando el tema y anunciando las actuaciones aconsejables en la materia. Norma Harvard simplificada, para las citas documentales y la breve bibliografía necesaria. Número máximo total de páginas. Cada documento sería revisado por un "editor" y su edición, respaldada por el equipo, podría enviarse, con consideraciones o enmiendas al autor.

El proyecto funcionaría pronto de modo satisfactorio, y al cabo de un tiempo se pudieron editar CD que contenían cada uno los estudios difundidos en un tiempo dado.

En la primavera de 2004 se inició con un nuevo Gobierno Zapatero, que enseguida nombró Comisario Europeo a Joaquín Almunia. En su lugar tomó la dirección del Laboratorio el exministro Juan María Eguiagaray.

Era bien satisfactoria la relación con el nuevo jefe, pero habían sucedido cosas entretanto. En enero de 2002 al jubilarme entré a formar parte de la Junta Directiva de la Asociación Pro-Derechos Humanos de España. De la que anteriormente fui socio "de a pie".

Me atraía mucho esa nueva dedicación, y presentía que terminaría en ella. Pensé transmitir la dirección de ediciones del Laboratorio a Fernando Pedrós, conocido de años atrás, excompañero y experto periodista. Él no lo veía mal.

Hablada la idea con Eguiagaray, ambos estuvieron de acuerdo. Había entrado en la fundación un nuevo gerente. Al decirle que me iba, me hizo una petición. Querían guardar algo de mi experiencia adquirida en el desarrollo de las ediciones. Entrábamos en el verano 2004. Me pidieron que escribiera el núcleo de lo adquirido en un formal "Libro de Estilo" adecuado para Alternativas. Me ofrecieron continuar mi contrato hasta otoño.

Confieso que me apeteció. Para entonces había buscado libros de estilo y solo dos universidades contaban con ello. De las dos, una había casi copiado el libro de un periódico.

Lo preparé con ilusión. Se hizo una tirada bastante reducida, pero aquello refrescó radicalmente mis ideas sobre el lenguaje. Pude regalar además unos cuantos ejemplares a mi alrededor.

La verdad es que ya está desactualizado por numerosas variantes comprobadas después por la RAE. Nada tan vivo como una lengua.

TERCERA PARTE

VIDA BUENA

CAPÍTULO 13

DERECHOS HUMANOS PARA DISFRUTAR

PRIMEROS CONTACTOS

Poco antes de mi jubilación me visitó en la SGAE José Antonio Gimbernat, antiguo colega jesuita en Fe y Secularidad. Él también había abandonado la orden y el sacerdocio, y se había casado con una psicoanalista alemana. No habíamos perdido contacto en todos esos años, y sabía que él era presidente de la Asociación Pro Derechos Humanos de España (APDHE), de la que fui socio "durmiente" años antes.

José Antonio venía a proponer mi entrada en la Junta Directiva de la Asociación, que debía constituirse el 19 de enero de 2002. Estábamos en diciembre y le dije que me jubilaría ese 12 de enero, justo una semana antes de esa Junta. El tema me apetecía mucho. Pero no sospechaba a primera vista que aquello iba a abrirme la etapa más feliz de mi vida.

Llegada la fecha del 19 vi en aquella mi primera reunión personas que no conocía mucho, un exsecretario de Estado de Economía, cuyo nombre no recuerdo, Vicente Donoso, otro "ex" de Fe y Secularidad, varias personas relacionadas con Perú, otra muy vinculada a Palestina, el expresidente José Antonio Martín Pallín, vicepresidente primero el teólogo Juan José Tamayo, y el presidente, Fernando Mariño, director del Instituto de Estudios

Internacionales y Europeos de la Universidad Carlos III. José Antonio Gimbernat le cedía entonces su cargo.

Súbitamente "liberado", decidí meterme en la nueva tarea. Tenía el deseo de informarme de verdad sobre los derechos humanos, de los que mis ideas eran demasiado aproximadas. Intuía que ese era un asunto decisivo para la urgente puesta al día de la sociedad. Tener a la vez ganas y tiempo era ese regalo que llaman "jubilación".

Pero mis primeras impresiones resultaban decepcionantes. Los grandes expertos, Martín Pallín, Mariño, y pocos más, tenían los horarios copados. Los otros directivos tenían puestos de trabajo exigentes, que apenas podían simultanear con actividades sociales promotoras. Había temas sobre la mesa, situaciones llamativas como Sáhara y Palestina. Sobre los derechos había ideas demasiado generales. Pensé que se hablaba demasiado "de oído". Incluso alguien me dijo que los DDHH se referían solo a Estados y no concernían a los individuos. Sorpresa ¡por verificar! Y en el frontispicio del salón de reuniones aparecía un bello facsímil de la portada de la Declaración de Derechos del Hombre y del Ciudadano en Francia del siglo XVIII. ¿Y la ONU? La actividad en APDHE era muy moderada. Se cumplían las formas, pero sin la elemental aplicación *ejecutiva*. Abundaban personas, con mayoría femenina, dotadas de la mejor voluntad, pero sin margen suficiente para otra dedicación junto con trabajo y familia.

Se había constituido una Federación de Derechos Humanos a la que se habían incorporado entidades u ONG existentes en España. La Federación podía presentar mociones en la Comisión Internacional de Derechos Humanos de la ONU, en Ginebra.

Me enteré de que en la Federación trabajaba una joven secretaria. La contacté y me sorprendió que otros decían que ella dirigía la acción, a pesar de que dependía de una Junta con presidente, vicepresidentes y cargos varios. Se daba por supuesto que todos tenían ocupaciones prácticas y solo podían acudir a reuniones donde votaban decisiones o aprobaban cuentas. Alguien me preguntó si en esas organizaciones me habían contado qué son los derechos humanos, respondí irónico que se trataba de ser honrado, bueno, y no solo de derechas: es lo que había sacado en limpio.

En cambio la APDHE había pasado por fases brillantes: había organizado congresos con participantes latinoamericanos en distintos lugares de España, había promovido la edición de varios libros y de una revista de derechos humanos, había acogido a refugiados de Chile, Argentina, Centroamérica, que huían de las dictaduras militares en los años setenta, habría creado un grupo (o "seminario") de docentes sobre derechos humanos para la educación. Había sido reconocida como miembro de la Federación Internacional de Derechos Humanos, con sede en París, que luego traspasó ese mismo reconocimiento a la Federación.

En aquella primera etapa, cuando me dijeron que el presidente Mariño acababa de ser designado para el CAT (Commitee Against Torture) de las Naciones Unidas. Ese cargo le obligaba a viajes frecuentes por todos los continentes, por lo que dimitía como presidente de la APDHE. Otra pérdida importante...

Apareció además la entonces nueva Ley de Asociaciones, y APDHE necesitaba actualizar sus estatutos en 2003. Algunos compañeros de la Directiva me sugerían que preparase un borrador. ¡Y en alguna reunión me insinuaron que asumiera la presidencia de APDHE!

Acepté trabajar en la actualización de los estatutos, pero la propuesta de ser presidente me irritó. Había llegado para aprender. Era incapaz de responder con una mínima claridad a cualquier periodista que pidiese una entrevista. Era incompetente para esa tarea, y me indignaba que me la sugirieran.

Tuvimos reunión de la Junta, a la que Tamayo asistió. Le propusimos que aceptara ser presidente, pero se negaba, no tenía tiempo. Propuse la única solución: él era ya el vicepresidente primero, por delante de otros dos ausentes; la presidencia era, pues, automáticamente, su cargo "heredado". Eso sí, todos le prometimos la ayuda necesaria. La ley imponía la elección de nueva junta en asamblea. Y preparé el borrador de estatutos para una asamblea extraordinaria.

La APDHE original había tenido secciones territoriales. Destacaba la andaluza, APDHA, que se había independizado años atrás. Era ya mortecina la extremeña. El IDHC de Cataluña era autónomo desde su inicio, y pronto abandonaría la Federación. No tenía sentido en un estatuto mejorado reproducir divisiones dentro de la entidad, ya creada como nacional. Así lo presenté.

Se introdujo allí alguna enmienda, con expresa ayuda de Sagrario Losada para añadir la cooperación al desarrollo entre los fines institucionales. Sagrario era muy clásica y activa militante del PCE. Sabía algo de mis anteriores aportaciones en la Junta Democrática, y me confortaba el encontrarla allí.

En la Asamblea previa, presidida en esta ocasión por J.J. Tamayo, se eligió como nuevo presidente a Manuel Ollé Sesé, propuesto por J.A.Gimbernat, junto con algunos nombres añadidos a la Junta anterior. Hube de ejercer de secretario general. También entró Carmen Lamarca, profesora de Derecho Penal en la Carlos III.

A la salida almorcé con Ollé y Gimbernat. Aquel 14 de febrero de 2004 es una fecha histórica de mi trabajo con Manuel, que cada año celebrábamos entre bromas al coincidir con el "día de los enamorados". En el transcurso de todo este tiempo me atrevo a decir que aquel Manuel es una de las personas más serenamente honradas, bondadosas y constructivas que he conocido, hombre asombrosamente competente y trabajador.

He sido intencionadamente prolijo en la explicación del panorama. Era preciso entender cómo la Asociación se volvió decadente, justo después de que Garzón y Castresana habían clausurado el siglo XX, y casi conseguido en nombre de los DDHH la detención internacional del General Pinochet. Dura derrota para gesto tan atrevido.

Almorzando los tres dije que me parecía urgentísimo conseguir en España una educación centrada en los derechos humanos. Gimbernat dijo que habían escrito una carta al presidente del Gobierno exigiéndolo, y que ni una respuesta habían leído. Ollé expresó muy claramente que le parecía una exigencia el lograrlo. Me sentí apoyado.

En aquellos días la Federación anunció apertura de un curso sobre derechos humanos dirigido a militantes. Duraría un cuatrimestre y luego un trimestre para elaborar y presentar cada alumno su trabajo de fin del curso. Tenía buena pinta y decidí inscribirme.

Encontré allí de coordinadora a la muy joven "secretaria" de la Federación, Paloma García Varela, de la que ya alguien me había dado a entender que se trataba más bien de una ejecutiva ("a la fuerza") que de una empleada auxiliar. Me dio todo el detalle del proyecto. Sobre el trabajo de fin de curso adelanté que pensaba en la "educación en derechos humanos". Le parecía bien. El curso ocuparía muchas tardes en el Colegio Mayor Chaminade, de la Complutense. Comenzaría el día 11 de marzo.

Casi 200 muertos y 2.000 heridos tras el atentado del 11M sobrecogían en su fecha inaugural a los ingenuos e ilusionados aprendices inscritos en el curso. Faltaba uno, decían que vendría de Alcalá de Henares y nos preguntamos ya si estaría vivo. Todos estábamos entre asustados y conmovidos ese día. ¡Vaya manera de empezar! El grupo era muy mayoritariamente femenino. Una vez más fui de lejos el más viejo de todos.

APRENDER POR FIN

La joven Paloma es quien me introdujo de verdad en los Derechos Humanos. Tenía módulos pedagógicamente preparados, vídeos sobre casos históricos, etc. Y como era persona de estilo directo, nada académica por su trato cercano, sabía enseñar de modo dialogado. Por otra parte conocía el panorama académico, e invitó a una serie de profesores especialistas, de modo que el DIDH (el "derecho internacional de los derechos humanos") quedaba competentemente explicado y aclarado en tiempos de diálogo añadidos a cualquier exposición.

Para abrir boca tuvimos que ir estudiando y "digiriendo" el texto de la "Carta de San Francisco" (de 1945, no de Asís, sino de California) de donde surgía todo el paquete de reforma en el mundo "después de Auschwitz", comenzando por el proceso de descolonización, eterno aperitivo que todo mortal ha de entender, previo al entendimiento y práctica de los derechos y democracia (un primer paso previo que todavía millones de personas no han dado, ni quieren dar). También se puso en marcha el encargo de la

Declaración Universal de los Derechos Humanos (DUDH) (1948), cuya redacción fue un difícil y magnífico logro, todavía incompleto, como más tarde descubriría, tras haber tardado en verlo así.

La fase informativa se cerraba con intervenciones de representantes de diversas entidades, en general ONG, dedicadas a la defensa y promoción de los DDHH.

Pero antes es preciso decir que mi primer descubrimiento sobre esta materia estaba en la letra y espíritu de la Constitución española de 1978, en la misma cabecera del artículo 10.2:

> Las normas relativas a los derechos fundamentales y a las libertades que la Constitución reconoce, se interpretarán de conformidad con los derechos humanos y los tratados y acuerdos internacionales sobre las mismas materias ratificados por España.

Luego, más allá, artículo 96, 1 y 2:

> 1. Los tratados internacionales, válidamente celebrados, una vez publicados oficialmente en España, formarán parte del ordenamiento interno. Sus disposiciones solo podrán ser derogadas, modificadas o suspendidas en la forma prevista en los propios tratados o de acuerdo con las normas generales del Derecho Internacional.
> 2. Para la denuncia de los tratados y convenios internacionales se utilizará el mismo procedimiento previsto en la aprobación del art. 94.[11].

Me asombraba descubrir esto a mis 65 años, con tres licenciaturas, dos pontificias más otra en Periodismo, dentro de Ciencias de la Información, añadidas a la militancia política prodemocracia y a la dedicación a proyectos centrados en desarrollo social. Tal ignorancia de derechos humanos y de la flamante Constitución española era en sí inexplicable. Y, a la vez, el conocimiento insuficiente dentro de los propios miembros de la Asociación era una prueba de la ignorancia masiva en nuestra sociedad.

11. Previa autorización de las Cortes Generales, entre otras instituciones.

Se robustecía en mí una convicción, la de que España no sabía ni quería entrar en democracia. La muerte del dictador lo condicionaba todo y había que evolucionar hacia la Europa moderna. Muchos influyentes pensaban con un "¿dónde hay que firmar?". Y firmaban, pero todo seguiría igual. Un número muy limitado de expertos, más bien juristas reclutados por los incipientes partidos, había terminado cuajando el texto constitucional. El ala católica dominante en aquel centro-derecha estuvo a escondidas negociando acuerdos internacionales con la Santa Sede, que le entregaban mucho dinero y educación, publicando el texto solo unos días después de diciembre de 1978. Allí estaba ya implantándose el más auténtico tratado internacional del Art. 10.2.

Pero una real sensibilidad por los derechos humanos nunca existió. Hubo una inercia con la "neodictadura" del general que conseguía asentar un fenómeno basado en neveras y pisos, el "hombre del 600" y salarios de emigrados a Europa, materialismo. El "tú a lo tuyo... y a callar"...

En cuanto a los dichos derechos, España estuvo de tapadillo al margen de la Guerra Fría, introducida en la ONU por USA en 1953, sin pensar más que en bases estratégicas, e intercambiada su entrada con otros de control soviético, 1955. Realismo belicista sin disimulos.

LA EDUCACIÓN EN DERECHOS HUMANOS

Cada uno de los estudiantes debíamos preparar un proyecto en el verano madrileño. Como ya dije, había elegido el tema de la educación en derechos humanos y, en concreto, con el objetivo de conseguir que aquella fuera introducida en la nueva ley de Educación, que ya anunciaba el reciente gobierno de Zapatero (2004). La idea era preparar una especie de manifiesto razonado y mostrarlo a todos los diputados y senadores, uno por uno. Nada de escribir al presidente, a riesgo de que no contestase.

Sería un texto desarrollado, denunciando la vergonzosa ignorancia y reivindicando una seria educación "sobre" (doctrina) y "para" (acción) los derechos humanos en España.

Tendría autor, pero no un modesto jubilado, sino una organización especializada en estos derechos, como la APDHE, y, si fuera posible, la Federación de organizaciones de derechos humanos en España.

Era un propósito atrevido, pero me sentía cómodo. Quizá mi experiencia de relaciones institucionales me había quitado el miedo en el trato con parlamentarios españoles y europeos. Seres normales, que dependen de otros hasta insospechados extremos, algunos activos y concentrados, otros algo aburridos. Todos sensibles al influjo en la sociedad...

Presenté el proyecto de documento ante la Junta Directiva de la Federación. Una cuarentena de páginas urgiendo a la inclusión de los DDHH en el contenido de la inminente nueva ley de Educación. Todo en tono claro y enérgico. La Federación ayudó con los gastos de edición de 1.500 ejemplares. Se publicó en otoño de 2004 con el título *Implantar en España una educación en y para los derechos humanos*.

A esto le siguió el embuzamiento simultáneo de un ejemplar en cada cajetín de los 350 diputados y de todos los senadores, así como de cargos superiores de la Administración Pública. El documento precisaba los convenios internacionales vigentes en España en aquellas fechas, razonaba la urgencia de su aplicación para conocimiento y práctica en la sociedad, y terminaba con una lista bibliográfica de autores españoles expertos en derechos humanos.

Seguidamente solicité algunas entrevistas personales para presentar el llamamiento ante parlamentarios, comenzando por el Congreso. Pedí una entrevista con Alejandro Tiana, secretario general del Ministerio de Educación, en cuya puerta me abordó Pedro Uruñuela, antiguo alumno mío en Comillas, que resultó ser subdirector general de Alta Inspección en aquel ministerio. Con Pedro he convivido en sucesivas casualidades amistosas: desde ser detenidos en el mismo coche al salir de una misa en 1969; luego coincidimos en el Ministerio; posteriormente cuando era alcalde de la nueva ciudad de Tres Cantos, y por último a propósito la revista digital *Convives* y de mi invitación a entrar en la Directiva de la APDHE.

Explicamos el proyecto a Tiana y este nos facilitó, a Manuel Ollé y a mí, una entrevista con Mercedes Cabrera, presidenta de la Comisión de Educación del Congreso. Con el ejemplar de nuestro proyecto en la mano nos dijo, lapidaria: "¡Esto es de cajón!".

Pero había que discutir más y hablar con el PSOE, el partido del Gobierno. A aquella altura ya estaba entendiendo por qué y cómo sabían tan poco sobre los derechos humanos. Lo explicaría en un libro posterior, pero mi sorpresa se formuló entonces.

Lo primero fue considerar dónde estaba ese partido en 1948, al promulgarse la Declaración Universal. Estaba su dirección en el exilio, con la esperanza de formar un día Gobierno desde allí. La Conferencia de San Francisco (1945) y la Declaración Universal (1948) les venían algo postizas. Y en España casi no tenían presencia (más que en memorias obreras del pasado UGT, yuguladas en la dictadura). Esa práctica ausencia del PSOE en España fue lo que animó a Enrique Tierno a fundar el partido que bautizó como "socialista en el interior". Cuando los restos del PSOE se reunieron en Francia, llamaron al grupo exiliado "PSOE histórico" y procedieron a refundarlo en España con su sigla histórica y los liderazgos de grupos encabezados por Nicolás Redondo y Felipe González. En aquella ocasión el partido quedó en manos de dos grupos principales, el de Sevilla y los restos obreros de UGT en Euskadi y también Asturias. En medio, un escaso grupo de origen más burgués en Madrid y región Centro.

En la República había brillado la "doble alma" socialista, no sin serias tensiones internas entre líderes de la enorme categoría de Indalecio Prieto y de Largo Caballero. Había además un grupo de líderes académicos de perfiles filosófico-políticos, en general perseguidos, como Julián Besteiro, o exiliados hacia América.

Testigo de tal retorno, Enrique Tierno aceptó cambiar el partido "del interior", que en sí mismo denunciaba la ausencia del PSOE, por PSP (Socialista Popular), con cuya sigla se incorporaría al PSOE tras las elecciones de 1979.

El PSOE tenía pensadores de alto nivel, o ya los había perdido en la guerra. Su referencia principal venía de la Ilustración francesa, de enfoque sociopolítico y filosófico. Pude entender que en el partido tuvieran una marcada orientación más hacia la filosofía del derecho, y un sesgo más particular hacia el derecho fundamental, en principio nacional, que hacia los derechos humanos del derecho internacional.

Dada la histórica relación de antepasados míos con Segismundo Moret, me había cuidado de manejar algún texto suyo, singularmente su discurso en el Ateneo de Madrid. Solo después, hurgando en la historia, fui descubriendo amistosas relaciones y simpatías entre Moret y varios inspiradores de la que luego sería Institución Libre de Enseñanza finales del siglo XIX. Pero todo eso, en comparación con la eclosión del derecho internacional a partir de la segunda posguerra, o "después de Auschwitz", como suele decirse, era otro mundo.

Tardé en reconocer textualmente este olvido. En un grueso tomo rojo, Gregorio Peces-Barba dedicó un párrafo luminoso a su omisión de los derechos humanos. En él discute qué término utilizar, si el de derechos "fundamentales" o "humanos". Y se pronuncia a favor del primero: "A veces se puede tener la sensación de que muchos activistas de los derechos humanos no saben muy bien lo que quieren decir al usar esa palabra ["humanos"] o la usan entre sí con diferentes sentidos, con acentos incluso contradictorios en contenidos parciales".

Peces-Barba tenía razón. Lo estábamos comprobando entonces. Pero no era esa una razón para desvirtuar los derechos humanos o cambiarles el nombre, pasándolos de internacional a nacional. Recuerdo que un día en México, debatiendo sobre la necesidad de formación en derechos humanos para un colectivo indígena de Guajaca, en una conversación que tuve con Villán en presencia de otro español formado en el Instituto de Derechos Humanos Bartolomé de Las Casas de la Universidad Carlos III, fundada por Peces-Barba. El español hablaba siempre de "fundamentales" y nosotros enmendábamos sin éxito. Y recuerdo también que en la presentación de su libro sobre educación de la ciudadanía escuché a Peces-Barba decir que en una posterior edición añadiría un capítulo de orientación internacional.

Si me parece conveniente insistir en las citas de Peces-Barba es porque fue un "padre de la Constitución". Contando con tal mérito, luego nadie debía extrañarse de la novedad de nuestras pretensiones en 2006, cuando al fin se aprobaba la ley de Educación, con "unos 28 años de retraso oficial respecto de la Constitución". Todavía empeoró a raíz de la siguiente crisis por su aplicación en la fase del gobierno de Aznar.

Pero aquello no fue lo peor. Algunos años después nos hicieron llegar un triste caso de un inmigrante maltratado y fallecido en los cultivos de Almería. Una jovencísima jueza dio por buena la muerte, muy apoyada por la Guardia Civil del lugar. Nos personamos en la causa como APDHE y la respuesta de la jueza fue que, siendo muy loables los fines de nuestra Asociación, tenían estos poco que ver con el "derecho a la vida" del inmigrante.

La Audiencia Provincial tampoco hizo nada. Apelamos al Supremo y allí informó el caso el magistrado Bacigalupo, que solo pudo suavizar el resultado, pues estaba condicionado a los informes previos de Almería.

Indignado me pregunté cómo una jueza tan joven había podido pasar por la Escuela Judicial sin enterarse de los derechos humanos. Indagué seriamente y pude descubrir que en esa escuela oficial no existía ninguna asignatura relacionada con estos derechos.

Y en nuestro punto, más grave: veinte años después sigue sin existir en la Escuela Judicial una asignatura de derechos humanos. Solo se enseña el Convenio Europeo, que es un acuerdo regional y no mundial, de orientación liberal. Los jueces interesados en el tema tienen más oportunidades de aprender sobre derecho internacional de los derechos humanos en algunas universidades, aunque no en todas, y en cursos especializados. España encerrada y acomplejada.

Este caso también me permitió comprender como los grandes cuerpos de la Administración estaban haciendo el vacío a lo que no les gustaba. Y pronto se me explicó que las sentencias del Tribunal Europeo de Derechos Humanos no estaban siendo automáticamente ejecutadas, a falta de una ley supletoria que ordenara su aplicación. Democracia de pandereta, pues.

Mis críticas al PSOE provienen de mi etapa en la Junta Democrática de España, crecieron con lo dicho sobre derechos humanos y en algún caso se fortalecieron con algún espectáculo de "puertas giratorias", y lo digo con el máximo respeto hacia compañeros militantes que he tenido la fortuna de conocer, algunos tan destacados como Victorino Mayoral y Joaquín Almunia, con quienes he podido compartir horas de trabajo.

En fin, situado el problema de la ignorancia, era preciso abrir una etapa de brujuleo. ¿Sería por lo de "Spain is different", o ni siquiera eso?

En 2005, fui invitado a dar una conferencia en México D.F. y allí descubrí el proyecto de estudio del derecho en "clínicas jurídicas". Los estudiantes debían aprender a estudiar casos prácticos y sus soluciones futuras. Se parecía algo el estilo de Harvard en el aprendizaje de negocios, aplicado de los derechos humanos por técnicos de la Corte Interamericana. Era "el método del caso", que aprendí colaborando con IESE en 1979-80, y luego desarrollamos varios estudios más, desde centrales solares hasta la cría de visones. Ahora se trataba del derecho y no solo del negocio.

Organizamos un seminario internacional en la Universidad Carlos III sobre las clínicas. Por su parte, Manuel Ollé consiguió en aquel verano que dos estudiantes latinoamericanos fuesen al Sáhara Occidental agobiado y ocupado a estudiar el caso del trabajo de los saharauis en las jaimas. Uno de ellos ha llegado a convertirse en fiscal en el Ministerio Público chileno.

Me esforcé en colaborar con profesores jóvenes de la Carlos III, pero con resultados mediocres. Pude ver que el profesor encargado tendía a explicar los casos más que dejar que fuesen los alumnos los que los estudiasen por cuenta propia para luego ayudarles a revisar sus conclusiones.

Me enteré de un seminario en Cádiz sobre educación. Lo convocaba una organización dedicada a educación y cultura popular, que presidía el diputado Victorino Mayoral (PSOE). Allí me apunté en esos días, mientras Silvia entretanto disfrutaba de la ciudad.

Allí saqué el tema de los derechos humanos en cada debate. El tema daba también para otros diálogos personales, con Mayoral, o también con un conocido filósofo-teólogo formado en Alemania, que me dijo que era cosa de Francia, en el siglo XVIII...

De aquellos contactos extraje acceso a un grupo PSOE ilusionado con la futura ley de Educación. Allí conseguí conocer a Luis Gómez Llorente, especie de patriarca de un socialismo de izquierda, que había protagonizado la primera fase constitucional. Luego se distanció de la dirección del partido y se acercó a la UGT. Manejaba bien la historia de la filosofía y la formación ética, aunque tampoco estaba muy versado de los derechos humanos.

Una tarde me reuní en Madrid con ese grupo. Solté mi consabido rollo. Había gente de la Carlos III, algunas maestras —las primeras personas de ese ambiente que descubrí abiertas e interesadas en mi manía— y allí otros más políticos, incluida una diputada socialista, que comentó algo como "si los de derechos humanos se interesan en esto (la ley de Educación) digámosles que estamos con ellos". Me impresionó el tono casi comercial, era como vender caramelos.

Poco después conseguimos unas entrevista con Mercè Pigèm, diputada de CiU. Pareció interesadísima y pidió que interrumpiéramos para hacer venir a un colega de su grupo, Carles Campuzano. Así fue. Y dijeron que iban a cuidarse de que su partido emprendiese alguna iniciativa en este campo.

Muy pronto leí contento en el *Diario de Sesiones* del Congreso que Pigèm había propuesto que se incluyera en la futura LOE la educación en derechos humanos. En la misma sesión intervino la misma diputada socialista antes mencionada, la cual intervino diciendo que el PSOE apoyaría eso.

Cuando, ya en 2006, se promulga la Ley Orgánica de Educación, nos encontramos con una nueva asignatura: "Educación para la ciudadanía y los derechos humanos". ¿Era un triunfo? Eso pudimos pensar nosotros, pero la élite burguesa y católico-romana no iba a verlo así. El derecho internacional no les importaba tanto como prometía la Constitución española ni tampoco la auténtica democracia. Una cosa era la retórica y otra, bien distinta, el poder. ¿Qué pintaba aquí Montesquieu? ¿Someteríamos a una acerba crítica a la División Azul? Entonces, la explosión: "Están ideologizando a nuestros hijos con eso de 'la ciudadanía'. ¡Objeción de conciencia ante el juez!

Todo ello era reflejo de una visión propietaria de los hijos, anteponiendo la conciencia de sus padres cuando estos tienen la vocación de educar y no de decidir por ellos. El derecho a la educación es un derecho de los hijos, no de los padres y menos de cualquier Iglesia.

Pude comprobar en los numerosos seminarios dirigidos por Mayoral en los que me embarcaba para que me ocupase de los derechos humanos nadie sabía que estos entraban en la asignatura. La bronca era "ciudadanía sí o no". La izquierda: sí, el resto, no. Los seminarios se ofrecían al profesorado dispuesto a enseñar la nueva materia. Y aquí un nuevo descubrimiento: cierta desmotivación generalizada. Muchos venían a firmar un mérito, a hacer currículo.

Recuerdo especialmente un muy concurrido seminario en Ciudad Real. El grupo tenía un gran interés en la materia, pero luego me enteré que los asistentes eran profesores de artes plásticas que no estaba claro que fuesen a impartir la asignatura. Los organizadores llamaron a un jurista experto para que explicase la diferencia entre el Tribunal Supremo y el Tribunal Constitucional, que nadie conocía, aunque el sentido de la persona y las virtudes sociales les interesaba mucho.

En la mayoría de los otros seminarios dominaba entre los asistentes el perfil contrario. Buscaban ampliar su currículo y hablaban a menudo despectivamente del alumnado. Les recomendaba leer noticias y suscitar debates entre los jóvenes desde una perspectiva de los derechos humanos. Pero contestaban que no sabía lo brutos e ingobernables que era sus alumnos, y respuestas por el estilo. Resultaba entristecedor. Pensé que los derechos humanos estaban ausentes de las preocupaciones de las familias.

El grupo CONVIVES y algún otro tenían por delante un trabajo muy difícil.

Y, valga como paréntesis útil, en aquella época pudimos conocer a Fernando Fernández-Arias, que entonces dirigía la Oficina de Derechos Humanos del Ministerio de Asuntos Exteriores. Un amigo desde entonces, bien implicado en nuestros temas, que apoyaba cualquier buen proyecto.

La escasez de demanda para formar profesores fue siendo sustituida por inscripciones de alumnos universitarios en cursillos sobre derechos humanos. Había mucho más interés, y se contaba con la presencia de una minoría de inmigrados extranjeros. Los derechos se iban acercando al tema de cooperación al desarrollo. Tuve propuestas para estos cursillos en prácticamente todas las universidades de Madrid y alguna de fuera. Casi todas organizadas por iniciativa de alguna ONG, especialmente de Cruz Roja. El derecho de la guerra y el humanitario internacional fue ganando atención. Había llegado luego el impacto de la campaña mundial del "¡no a la guerra!" en torno a la de Irak.

Se acercaba el año 2010, en que Manuel Ollé dejó la presidencia de la APDHE. Aterrizó en su lugar un profesional de alto nivel ético y jurídico, Jacinto Lara, con quien me ha dado gusto entenderme desde entonces, por motivos también personales.

APDHE había organizado congresos y publicado algún libro. Encontré uno antiguo sobre "violencia doméstica", expresión que hoy utilizan los adversarios. Había cuidado mucho su revista, ausente del archivo cuando llegué. Pero en esta fase no nos dedicábamos a publicar libros.

Con datos de 2009 publicamos en Icaria un volumen sobre los treinta años de derechos humanos en España. Creo recordar que en ese libro edité un largo capítulo sobre educación. Antes, junto con ACSUR, publicamos otro libro sobre derechos humanos y desarrollo. En fecha posterior, editamos otro más extenso sobre derecho internacional de los derechos humanos para no juristas. De la edición nos hicimos cargo Manuel Ollé, Nuria García (jurista secretaria de la APDHE) y yo. Se publicó con más de 20 artículos de más de 20 autores en Anthropos. Por mi parte, en 2014 publiqué mi libro sobre derechos humanos en España hoy, *¿Retórica o futuro?* Esa obrita marca el principio de mi relectura crítica del tema, de la que me expresaré en un capítulo posterior. Y también, en colaboración con otra ONG, la APDHE editó un nuevo libro sobre las políticas de cooperación internacional desde un enfoque de los derechos humanos, con especial atención a la de España. Dos jóvenes profesoras colaboraron en el proyecto.

Hasta aquí mi etapa de jubilado, fue un feliz tiempo, "un no parar". Cumplidos mis 80 le siguió otra, a la fuerza más difícil.

CUARTA PARTE

EXPERIENCIAS Y DESCUBRIMIENTOS

CAPÍTULO 14

DERECHOS Y DEBERES

RECLAMACIÓN ORIENTAL

Treinta años de derechos humanos en España reproduce algunas conferencias, una de ellas pronunciada por Federico Mayor Zaragoza. Él refiere allí una respuesta de Mahatma Gandhi, conservada en los archivos de la UNESCO, al ser consultado sobre el entonces proyecto de Declaración Universal de los Derechos Humanos (DUDH), en la que sostiene, aludiendo a su madre y a su cuñado Nerhu, que sería mejor hablar de deberes, y no solo de derechos. Muy interesado por este asunto investigué algo sobre el tema. Vi que entre los asesores internacionales de Eleanor Roosevelt, cuando preparaban la DUDH, un sabio chino había expresado parecidas opiniones. Pude también manejar documentos que señalaban que en el Oriente asiático quejarse de la falta de formulación de los deberes representaba un fallo cultural del Occidente liberal y colonial.

Algunos autores afirman que este problema es una de las causas por las que en Asia no ha cuajado un convenio continental de derechos humanos, en contraste con el surgimiento del Convenio Europeo, la Corte Interamericana y, por fin, la Carta Africana de Derechos Humanos y de los Pueblos. En la misma investigación busqué la respuesta de Eleanor Roosevelt a esta crítica. Esta se centraba en que la insistencia sobre deberes era un rasgo propio de países autoritarios. Hay que recordar que todo el proyecto que movió la Conferencia de San Francisco y la formulación de los derechos humanos se basaba en el horror mundial ante el genocidio de los judíos en la Alemania nazi. Era un "reflejo liberal" en cierto sentido, pero era también "colonial". La hipótesis de trabajo, según la cual Occidente representa un estadio superior de "civilización", reforzada por la transmisión del cristianismo en la colonia, esta vez como legitimadora moral y como simiente cultural de progreso económico, presupone falsedades de bulto y sangre.

Trabajé este asunto con Augusto Klappenbach, rector amigo de una universidad argentina, que tuvo que abandonar su país rumbo a España huyendo de la Junta Militar en 1976. Gran filósofo y pedagogo, Augusto me hacía ver el desequilibrio antropológico que implicaba la reducción de los derechos humanos con un sentido tan predominantemente individual y subjetivo. Me defendía invocando el concepto de derecho objetivo, pero tenía que reconocer que tal invocación no funcionaba ni intuitiva ni eficazmente. Finalmente, me di cuenta de que la concepción liberal de los derechos era propia de seres supuestamente individuales y culturalmente superiores, situada en un imaginario aristocrático y colonial. Cayó entonces en mis manos el texto de una conferencia internacional celebrada en Valencia en el año 1998. Su propósito era celebrar el 50 aniversario de la DUDH consiguiendo su reformulación en materia de responsabilidades y deberes. El proyecto me hizo pensar en Olimpia de Gouges, quien en pleno fervor revolucionario presentó a la Asamblea Nacional Francesa un proyecto de Declaración de Derechos de la Mujer y la Ciudadana. El fiscal afirmaba en su documento que mejor haría volviendo a la cocina. Olimpia fue ejecutada, y punto. Una amarga lección histórica para recordar aquí. Difícil cuestión sobre de quién son los derechos, del sujeto individual superior, o del ser humano, sin más. A los animales solo les está empezando a ser reconocido en el siglo XXI, y con dificultades.

Estando en mi estudio de aquella época di con el texto de Valencia. La idea parecía luminosa, pero ¿cómo explicar que me pareciera nueva? No lo era para mis ideas personales, pero sí para el supuesto de que fueran estas las de un bicho raro. Algo similar dije una vez, saliendo de una reunión con Esteban Ibarra, y vi que le sorprendía favorablemente mi opinión. Debió de tratarse de la época del atentado contra *Charlie-Hebdo*, y en contra del eslogan barato "je suis Charlie" (había presenciado en aquella fecha las concentraciones en la Plaza de la República de París), comencé a repetir mi "no soy Charlie".

Años antes un escenógrafo había "creado" un nuevo final para la ópera *Idomeneo* de Mozart en la Staatsoper de Berlín. El tema, muy "antigónico", era la rebelión contra los dioses, y en escena aparecía el degüello de Jesús, Buda y Mahoma, y ello sin que Mozart pudiera levantar su cabeza ni su *Idomeneo* se quejara. Una enorme protesta surgió en varios países árabes. Merkel salió defendiendo, no a Mozart, sino la supuesta libertad de expresión del supuesto heroico escenógrafo, cuyo nombre he olvidado.

A los budistas no sé si interesará este asunto, ni a los profesionales de iglesias cristianas, pero sí a los musulmanes del mundo, también alemanes, que se regodearon en una nueva ocasión de denuncia antioccidental y odio anticolonial. La herida duele. El herido grita y llora, si puede y si le dejan.

He resumido aquí mis dudas sobre la llamada "libertad de expresión". Dicho así me sonaba a "patente de corso" para gente "lista". Así como la Constitución española incluye derecho a la información "veraz" se echaba de menos otro adjetivo: libertad de expresión "responsable". Un irresponsable no debería expresarse así como así.

Me gustó el título de la conferencia de Valencia, de 1998, como "Declaración de Responsabilidades y Deberes". Trabajando sobre ella percibí una cierta heterogeneidad, intuyendo una yuxtaposición de enfoques de personas distintas. Y, a pesar de los elogios de Norberto Bobbio por las intenciones generales del trabajo, tuve la sensación de que provenía de mentalidades algo diferentes. Eché de menos algo de derecho penal.

Sabía por Federico Mayor algo de su desilusión por no haber sido asumido el proyecto en la Asamblea de la UNESCO, como si alguien hubiera promovido un paso atrás. Aunque había que perfeccionar el proyecto, no sonaba bien bloquearlo, como si una nueva Olimpia de Gouges hubiera "traducido" la DUDH, 50 años después.

Si en 1945 precedió la Carta de las NNUU y el duro proceso de descolonización, todavía hubo que esperar entre 1945 a 1948 para formular la DUDH.

Quizá en Valencia en 1998 faltaron condiciones obvias dentro del derecho internacional. Era ambicioso traducir a otras categorías conceptuales una pretensión así. No bastaban los sabios. Faltaban los insoportables Estados modernos. Ausente el Leviatán, cuando ya Agamben había desenmascarado el *homo sacer*, cuya vida muchos Estados menosprecian, reducida a "nuda vida", a carne, entre otras cosas, de cañón.

Durante el mismo verano de 1998 nacía el Estatuto de Roma de la Corte Penal Internacional, no tan lejos de Valencia. Allí había plenipotenciarios de Estados, política, derecho... y ¡tiempo! Hasta 2002 el Estatuto no entró en vigor. No se prohibía la derogación como en Valencia, sino que el número de Estados que apoyaban el Estatuto de Roma pudo descender aparatosamente. Hubo los que no han ratificado, los que aprobaron sin ratificarlo después, los que nada han querido saber. Eran la peste de los derechos humanos: el Estado moderno y sus intereses absolutos. La total falta de respeto. La maquinaria del poder en sí mismo. Unos por no ver denunciados a sus agentes clandestinos. Otros por supuestas historias totalitarias de vinculación divina al pueblo, con libro o sin libro.

Cada vez que un crimen se comete desde un Estado no ratificante del Estatuto, la Corte no puede perseguirlo, salvo que lo prescriba un acuerdo no vetado del Consejo de Seguridad. Difícil y excepcional...

Este duro tema me recuerda la trayectoria de Manuel Ollé, tal como le conocí: desde la denuncia de los genocidios, la jurisdicción o justicia universal, pasando por la idea de actuar la justicia de un país como agencia coordinada con la Corte Internacional, a la cooperación entre países en materia penal, al derecho internacional humanitario, con sus principios y atención a los pueblos, y para terminar, al crimen de agresión: un último grito desesperante.

Hay derechos y deberes, siempre por cumplir.

Pero no se cierra aquí el campo de reflexión. El problema reside en los vencedores. Ellos han fabricado el derecho internacional para condenar a los vencidos. Falta ver cómo se puede condenar a los vencedores. Falta moral humanitaria y falta justicia. Ver cómo uno mismo aprende a "aplicarse el cuento". No existiría un verdadero derecho internacional si no hubiera una moral internacional aceptada. El club de los vencedores no está en esto... La guerra depende del poder. Poder más que otro... poder sobre otro... poder sobre el mundo. Tras la guerra suele esconderse el último crimen de la agresión, tan difícil de reconocer y enmendar, anulación de la esperanza humana.

El poder no llega sin el tener. De la propiedad hablaré en otro capítulo...

CAPÍTULO 15

PEREZA Y SUBCONTRATACIÓN

'PASIÓN DOMINANTE'

Uno puede abandonar grupos o compromisos, pero difícilmente conceptos, y más si no son inútiles. El viejo catecismo hispano, siempre de jesuitas, padres Astete o Ripalda, hablaba de las pasiones que era preciso vencer. También de los siete vicios, que se combatirían con otras tantas virtudes, unos y otras adjetivados como "cardinales". El primer vicio era la "pereza", también calificado como "desidia". Su opuesta virtud se llamaba "diligencia", palabra sorpresa que de niño asocié con John Ford. El vicio como "pasión dominante" servía para caracterizar negativamente el modo de ser de una persona, sin remedio, que recuerda a lo que informáticos llaman "perfil".

Pues bien, mi descubrimiento en esta materia es que la pereza es un rasgo generalmente compartido en nuestra sociedad posmoderna.

Cuando aterricé en aquel OGEIN de la Fundación del INI, me fui "iniciando", como si de un nuevo rito se tratara, en el aprecio y admiración de la ciencia y la tecnología como actividad que España necesitaba urgentemente potenciar en lugar de adquirirla hecha del exterior. No se trataba de una patriótica autarquía, sino más bien de desarrollo social y económico. Manejábamos una imagen casi mítica del desarrollo tecnológico organizado. La ciencia estaba en la base, la tecnología la desarrollaba en aplicaciones a la medida de sus necesidades. Quizá habíamos sobrevalorado, un poco retóricamente, la ciencia básica, pero España necesitaba urgentes tecnologías propias, prototipos de productos y equipos, plantas piloto en química. En otro capítulo me he referido a la entrada de la informática, en el diseño por ordenador, etc.

Y llegó la revolución. De los años ochenta, primero con el PC (los "clónicos" de IBM para comenzar), y al llegar el 95 la telefonía analógica, pronto móvil y digital, con la que todo se tornaba diferente. Nueva emisión y comunicación: transmisiones, conceptos, sonidos, nuevos estilos de vida y trabajo, perfiles profesionales, accesos desde infancia, mujer, técnicos, relaciones comerciales, cambios en la medicina, pedagogía, psicología o sociología, sistema editorial y distribución, técnica de mercados, acceso a clientelas diversas, una especie sorprendente de otra "sinfonía del Nuevo Mundo" que Dvořák no pudo sospechar...

En aquellos mismos ochenta me impresionó la situación del cambio. En la fundación no se dieron cuenta a tiempo de lo que estaba sucediendo. Me inscribí en un seminario del INI de "informática para directivos". Me apunté en una academia vespertina, nuevo producto de moda: cuatro horas cada tarde, dos de sistema operativo MS-DOS; todos hombres. Y dos de procesamiento de textos y sistema Wordstar; todas, salvo yo, mujeres jóvenes. Me compré un PC para mi casa.

En el colegio mayor de la fundación, y en la fundación misma adquirieron ordenadores, entonces llamados "mini", de segunda mano producidos en SECOINSA, empresa del grupo. Su instalación requirió un pavimento equilibrado nuevo y refrigeración especial de la sala. Se contrató a un programador procedente de Ericsson, el cual debió crear un programa nuevo para cada circular a los becarios. El director del colegio mayor me comentaba cómo los colegiales se chanceaban de tanta complicación, cuando ellos mismos se estaban comprando cada uno su PC.

Si cuento esta historia es porque así tuve que vivir la explosión de la informática en mi entorno personal. A otros les ha ido mejor. Mi falta de suficiente formación tecnológica, a la que aludí explicando mi marcha atrás ante una oferta, primero del CSIC y luego de la UNED, tuvo que ver con el modo como la revolución digital me desbordó en la madurez.

De Worstar a Word, de ahí a Wordperfect, de ahí a PDF, etc., sucesivos aprendizajes que pronto casi viejo tuve que asimilar en nuevos conceptos, nuevos soportes, nuevos reflejos forzosamente coordinados con un trabajo viable. En un país pobre en derechos sociales, toda la fuerza iba al sistema educativo y su adaptación. A mi generación nadie fue a explicarle el manejo de la revolución; tuvimos que sufrirla metiendo la pata, y seguir operando en aritmética con las rayas de la escuela, o con una ancestral destreza de cálculo mental.

Ya jubilado tuve contactos con cursos "para mayores" que en general trataban más de temas históricos y culturales que prácticos para la vida. Con más de ochenta años mi cuidadora me ha enseñado qué es y cómo se hace un bizum, y todavía descubro que algún antiguo amigo, allá por sus setenta, sigue sin saber de qué va eso.

Pero falta lo más gordo, lo dicho es nada, junto al daño humano que implica la revolución digital, de la que por lo menos puedo hablar. "La gente no trabaja, solo aprieta un botón". Esa frase lapidaria es de mi cuidadora boliviana, la que me ha enseñado a enviar bizum o a realizar alguna transferencia desde mi móvil.

La tecnología ha conseguido que nuestros niños y jóvenes sean víctimas de la pereza organizada, vendida e impuesta. No se lee un texto de media página. ¿Para qué? Basta una foto instantánea. No se estudia, ni siquiera se leen bien los documentos de manejo burocrático, no digamos de letra pequeña. Esta es la herramienta privilegiada de abogados que se agarrarán a una línea perdida para llevarte al río.

Ha desaparecido el rigor de la firma y el concepto de falsificación. Nadie lee lo que firma. Nadie espera más que un garabato, un "acepto" con su retranca contractual.

Queda ahogada en este profundo lago la posibilidad de información veraz. Todo vale. El título educativo puede equivaler a un "aprende a dejarte manejar", "no hagas nada", "limítate a protestar".

Pereza es también comodidad de no educar. Durante siglos han educado las familias, el modelo romano, tan machista por cierto. Luego, desde el siglo IV comenzaba a entrar la fe en Cristo (no hablo de la consideración de Jesús como "el maestro"), progresivamente institucionalizada por emperadores o reyes o papas con sus respectivos ejércitos y Estados. Así hasta nuestros guerrilleros del XIX, y campesinos en general. Pido perdón por este conato de atrevido resumen histórico.

El caso es que, cuando a mediados del XX me decían los extranjeros que no se explicaba que España sobreviviera con tanto desempleo, mi respuesta fue que "es por la familia". Se fabricaban españolitos en los moldes de la familia, cada uno con el pan bajo el brazo. Llegado el siglo XX, con el hambre de los años cuarenta, la dictadura tuvo que pensar pragmáticamente en poblados protegidos, pisitos en barrios, neveras, Seat y emigración. Nueva clase baja-media, escolarización, turismo y neocapitalismo vestido como desarrollo y plan. Y allí un vuelco: ya no educa la familia, sino la escuela. Dicho más claro: la familia subcontrata una escuela, porque tiene que adaptarse al trabajo, y porque no es capaz de enseñar. La teórica "educación" se torna en una más anticuada "instrucción pública": un poner el conocimiento "al día" allí donde los padres son labradores y las abuelas, con todo amor y respeto, analfabetas.

Durante siglos han educado, pues, las familias, y en ellas sobre todo la mujer que va dejando de ser machista, y eso mientras esto dure, que, si no, puede acabar en autoritaria a base de imitar al otro.

Subcontratar se refiere al saber y las técnicas, pero no es "educar". Es ley muy general que los nietos quieran a los abuelos y aprendan mucho de ellos, pero es verdad que nuestra generación de padres ha sufrido más por sentirse ignorantes que los abuelos ricos en viejos principios de comportamiento, y en sabiduría para comunicarlos amorosamente, sin grito ni imposición.

Y entonces llegó la informática "y mandó parar" como el viejo revolucionario. Las familias subcontrataban "instrucción" y gastaban.

El instinto de pagar a otro para que haga lo que uno no sabe hacer ha pasado súbitamente a la economía, la empresa, la construcción y la actividad humana en general.

¿A quién se subcontrataba masivamente nuestra educación? A la Iglesia católica romana. Era el candidato ideal para salir de un apuro y mantener el *statu quo*. Ya he comentado el sorprendente aterrizaje de los acuerdos con la Santa Sede en el momento de aprobar la Constitución española.

En el PSOE de aquel entonces se quiso educación, pero su pragmatismo reconoció enseguida que la Iglesia era quien poseía una herramienta mucho más potente para educar en principios y criterios, aunque no gustasen del todo al Partido. Su ministro de Educación lo entendió así desde el 1982. Se inventó el concepto de "educación concertada" para aproximar algo la enseñanza religiosa a la ciudadana, pero la fórmula resultó menos practicable de hecho, y ahora el calcetín tiende a volverse del revés. En mi entrada en materia de derechos humanos pude tratar pocas veces, aunque jugosas, con Luis Gómez Llorente, y entender su distanciamiento de la línea oficial (no precisamente similar al de otros más tardíos rebeldes).

Pero la gran pérdida del sistema educativo reside en la incapacidad para la participación ciudadana de una adolescencia y juventud secuestradas por la continua repetición de imágenes fugaces, dudosamente coherentes, incluidos textos volanderos, que se leen sin leer. Frente a tal escasez solo cabe la protesta, la reacción visceral, la inopia de toda teoría coherente y de sentido crítico, la nueva derecha inconsciente. Ahí nos sorprenderán los sabios que queden... y serán ecologistas con toda seguridad.

CAPÍTULO 16

EMPRESA - INDIVIDUO - CAPITAL - MEDICINA

GIRO DE LA EMPRESA

Al terminar la Guerra Fría sucedió algo trascendental: miles de físicos muy bien retribuidos perdían sus puestos de trabajo en la estructura militar norteamericana. Es la época del fin de aquel "volamos hacia Moscú", cuando los superexpertos militares, físicos en su mayoría, perdían su capacidad y ocupación dirigidas a detectar cada posible misil enemigo y hacerlo explotar eficazmente, antes de alcanzar su destino occidental. Comenzaba 1990.

Frank Schirrmacher, famoso periodista alemán, captó perfectamente el fenómeno en su famoso libro *Ego*. Este proceso, uno más con origen militar, marcó el tremendo cambio de la organización empresarial, cuando estos físicos en paro se dejaron emplear en Wall Street y comenzaron a aplicar sus modelos físico-matemáticos al servicio de las potencias económicas, que también pagaban muy bien.

Recuerdo, en este sentido, una intervención de Jerónimo Angulo Aramburu, profesor en OGEIN, cuando en un debate suscitó el problema de cuál es el fin y objetivo de la empresa. Muchos comentaron que se trataba de "ganar dinero". Jerónimo disentía: "El objetivo de la empresa es crear y mantener clientes". Para él se trataba de un servicio a personas, y ello valía para todo servicio público. En el Instituto Nacional de Industria, la mayor corporación industrial de España, esa era la mentalidad, el fin público de la empresa como tal. Y así la fundación dejó de llamarse Santa María del Espíritu Santo, para adoptar el nombre de "Fundación Empresa Pública".

Mi buen amigo Jesús Rodríguez Cortezo, primero director de la División de Electrónica e Informática del INI, y luego Director de Nuevas Tecnologías en el Ministerio de Industria, ha publicado, entre otros, un libro de sus memorias donde relata las tensiones en que él se veía, en el tiempo de las insistentes privatizaciones de las mejores empresas que sucesivos gobiernos "socialistas" iniciaron durante la Transición. En esta nueva visión, parafraseando a Jerónimo Angulo, el fin de la empresa se transformaba en "crear y mantener accionistas". Amanecía el gran capitalismo en cuanto tal.

A partir de ese momento dejarás de existir como cliente de esa empresa, recibirás sus correos electrónicos con sus instrucciones (que no admiten réplica) y otros con su petición de tu evaluación del servicio, a expresar con un número dentro de una serie, para que creas que les importas algo.

Cuando tengas que saber algo de la empresa, toparás con una máquina, y tendrás que insistir enérgicamente para conseguir hablar con un ser humano (en general bastante ocupado).

Conclusión: el cliente ha perdido toda condición de sujeto, es un objeto manipulable en manos de la empresa.

INDIVIDUO

Sucede además que se castiga pretender una propiedad en común. Ha sido mi experiencia tras el fallecimiento de mi mujer. Teníamos todas las cuentas en común, a 50% en régimen de bienes gananciales. Cuando los bancos se han enterado del fallecimiento de ella, todas mis cuentas han sido bloqueadas, sin duda porque en el nuevo capitalismo no cabe nada común, solo el dinero y el individuo.

Se supone que todo matrimonio trabaja en separación de bienes. La burocracia me ha obligado a demostrar que esta persona era mi mujer hace 40 años, pues sospechan que me haya divorciado *just in time* a tiempo para heredarla. Expliqué a la compañía depositaria del seguro de decesos que, si entregué su cuerpo en nuestro domicilio, no había venido a asesinarla. ¡Qué cosas dice usted! Pero la conclusión era que necesitaba el impreso número tal. Los burócratas no investigan contenidos, se limitan a contar papeles... El cliente solo es asunto de los "comerciales", que te ponen en mano de sus burócratas, con quienes tienes que bregar. Fuiste sujeto, eres objeto.

Otro refuerzo al capítulo sobre la pereza...

Pero vale la pena recordar a mi viejo maestro Bartolomé Clavero Salvador, en su libro sobre *El orden de los poderes. Historias constituyentes de la trinidad constitucional*.

CAPITAL

Subyacen diversos modelos en este tema. No solo por citar a Marcel Hénaff y su conocida alusión a la exclusión del comercio en la trinidad tradicional de religión, milicia y agricultura, quizá todavía presente en las leyes fundamentales, y aun en la jurisdicción militar, intentada en 1978.

También y sobre todo en la original iniciativa británica de Locke-Blackstone (*et al.*), verdadero "arranque" del capitalismo occidental, no mimetizándose en nuestras leyes, pero sí inoculándoles su espíritu centrado en el protagonismo del individuo propietario.

Así luego todo ha ido cambiando. El ego del cliente ya no opta por su mejor beneficio en *cash*, sino por su multiplicación *ad infinitum*. Ya no hay "fetichismo de la mercancía". Marx murió.

Lo que hay son signos, símbolos, como bien explica el amigo Antonio Caro. Se vende imagen, accedes a cuatro días de vacaciones en hotel de cuatro o cinco estrellas, gastas así tu escaso dinero, y te sientes privilegiado. Tu hijo, más.

Te venden el acceso a un refrito de sensaciones pasajeras, en forma de espectáculo privilegiado. Entras en un Broadway improvisado y tus niños comentan las nuevas emociones.

Todos esos "privilegios" habrán costado dinero. Se aprovechan sabrosas "ofertas" dirigidas al masivo pueblo *low cost*.

Ya no procede tener gustos personales. Es el *semiocapitalismo*, el del signo o símbolo, a quien compras y te vende rango de "clase".

Llegábamos para hablar del individuo, pero va quedando solo el capital.

MEDICINA

En toda esta confusión se hace inevitable tratar de la "clase médica" en cuanto tal. Llevo más de dos años largos rodeado de médicos y me ha cabido no poca reflexión.

Preocupado por entender el problema de la eutanasia, una vez aprobada la correspondiente ley, me interesé por hacer una declaración notarial que, como documento público, testificase mi lúcida voluntad. Designé, para la hipótesis de ser diagnosticado como demente, mi voluntad consciente de experimentar una eutanasia que se hiciera viable, designando de antemano un representante que atestiguara en mi nombre esa voluntad mía, formulada en plena conciencia de mis actos.

La primera, en la frente: el notario me propuso añadir texto a mi declaración, presuponiendo que la acción médica se atendría a una supuesta *lex artis*, que no existe como tal, de lo que se deducía que el médico implicado rehusaría mi petición. Me negué a firmar aquello y fui a otro notario, que intentó, ya sin éxito, modificar los términos de mi declaración.

Intuí que se estaba pensando en el "juramento hipocrático" del siglo IV antes de nuestra era. Generaciones de futuros médicos lavadas con la convicción de que son amos seculares de los cuerpos de ciudadanos humanos. Eso parece que acaeció en nuestra generación médica, formada en general en principios empiristas dignos de Augusto Comte, aunque no sin las debidas excepciones de médicos "humanistas", como Marañón y demás…

Ese "prejuicio empirista" se ha reforzado con los avances tecnológicos y las máquinas para medir todo, marcando límites derivados de estudios sobre miles de casos. Si tienes tales décimas de más o menos sobre una variable dada, irás a urgencias y quizá te ingresarán las veces que sea conveniente a sus números.

La medicina hospitalaria tiene la tentación de apoderarse de ti. Le cuesta que seas un crónico y solo puedas aspirar a convivir con medidas "heterodoxas", esperando el día de tu tranquilo tránsito. Ser crónico suele confundirse con ser desahuciado o sentenciado.

Pero los médicos solo son técnicos responsables del buen uso de su arte, de su *techné*, dicho sea en buen griego. Como el ingeniero responde de que no se hunda el puente, aunque sea otro el responsable de la decisión de hacer o no el puente. El ingeniero no puede apelar a su "conciencia". Solo aceptar o no un contrato.

La responsabilidad de curarse o no es de la persona. ¿Qué tiene que ver con esto la conciencia moral del médico? El ciudadano tiene derecho al suicidio, dice el Tribunal Constitucional alemán (Bundesverfassungs Gericht). Uno puede ser irresponsable o no de su suicidio, porque toda decisión sobre la propia vida implica responsabilidad. Pero nunca sobre otro. No estoy dispuesto a borrar mi capítulo sobre el amor.

Lo carente de sentido es que alguien se declare objetor contra, o sobre, la responsabilidad de otro. Hay que vivir conforme a las normas de una sociedad estamental y no democrática, que ya no existe, para mantener esa clase de objeciones. Ha existido algo, por cierto muy limitado, llamado "Constitución española". Cuesta descubrir que tantos profesionales de supuesto alto nivel no se hayan enterado de ello.

Claro está que incluso el moderno legislador da por hecha nuestra situación arcaizante. Todo el enorme aparato de poder y de burocracia médica que presupone la actual ley de eutanasia parte de la idea teocrática de que las objeciones de conciencia en la clase médica suceden y sucederán, por muy inconstitucionales que sean. El legislador resulta "legislado" por la costumbre más arcaica.

Pero también quiero dejar claro que mi devoción por la medicina es radical, aunque parezca tan crítica. Desde los tiempos del gran amor entre Silvia y yo ha sido Médicos sin Fronteras nuestro heredero universal. La veneración por esta joven y generosa medicina revive en cada patera salvada, cada hospital bombardeado, cada tren medicalizado... cada joven héroe y heroína que arriesga o sacrifica vida y rico sueldo por la humanidad doliente y oprimida en nuestra triste época. Sean benditos ellos y quienes les asisten.

CAPÍTULO 17

AMORES

LEY DE LA VIDA

Entiendo que las relaciones humanas necesitan adiestrarse en un marco moral universal. Es la doctrina del maestro Jesús de Nazaret.

El humano ha de vivir entre otros, que le vienen dados y le son absolutamente ajenos. Son similares, además de radicalmente ajenos. La costumbre de tratarlos como vecinos y propios se llama "moral".

Hay una dimensión básica que se aplica en el trato con desconocidos. Se llama "respeto" y concierne a todos, también (sobre todo) a los conocidos, que siempre son diferentes en algún aspecto.

Viene un ejemplo a mi memoria: el del pueblo judío. Al iniciarse en su nueva fe en Jesús, los que habían convivido con él redactaron la memoria de su vida y hechos, y lo hicieron en griego, que no era su lengua, sino la de los países donde pensaban contar el mensaje, pues eran conscientes de la necesidad de extenderlo a "toda creatura" y de su valor universal.

En este sentido, me ha llamado mucho la atención la potencia intelectual de muchos sabios judíos, desde Kafka hasta Maimónides, Spinoza o Daniel Boyarin, por citar solo algunos. He ido entendiendo que la fortísima identidad colectiva del pueblo judío, tan identificado con su divina Alianza, ha corrido pareja con su hábito de convivencia en "diáspora" en países de otras culturas con quien convivían.

Grave tentación la suya, de atrincherarse en "su libro", convirtiendo a Israel en un reducto confesional intransigente, que ya no se sabe bien en qué dogma se sustenta, distinto de la identidad colectiva actual y bélica.

No quiero saltarme la ocasión de recordar en qué medida esta convivencia de judíos con otros nos afecta. Teresa de Jesús (inicialmente "de Ahumada") era judía. El padre de Teresa era judío de Toledo, y vio el mal horizonte de persecución que les amenazaba. Emigró a Ávila, donde los hermanos de Teresa se asentaron discretamente y ocuparon puestos respetables.

Los hermanos de Teresa se asentaron discretamente en Ávila y ocuparon puestos respetables. Luego hubo intentos de domiciliarla en Valladolid y hacer olvidar su sambenito religioso. Juan de la Cruz fue sospechado de lo mismo y sufrió cárcel de la Inquisición. De estos y otros casos hay investigación abundante, en la que ha brillado el carmelita Teófanes Egido, entre otros. La tiranía social comenzó a despejar y expropiar a judíos creyentes o conversos, igual que a moros y moriscos. Una gran vergüenza para estas gentes y tierras. Estamos tocando un tema que se ha hecho tópico: el del Toledo de las tres culturas, como base de la futura España, inicialmente solo Hispania romana, la de los Trajanos, Sénecas, ricos romanizados extremeños que habían enviado a sus campesinos para luchar inútilmente contra los "bárbaros" de Clodoveo y demás.

Tales "bárbaros" terminaron entendiendo que los habitantes del país eran menos intratables adaptándose a sus culturas, cuando Recaredo "aterrizó" brillantemente en el III Concilio de Toledo, tan pacíficas como repugnantes para los futuros militaristas esbirros de una "España Imperial". Allí se estaba preparando un integrado futuro pluricultural, cristiano, judío y mahometano. Las que llamamos "tres culturas".

Nació una "escuela de traductores", la nueva situación se fue expandiendo sin tanta conquista ni reconquista militar. Hubo muchas difíciles convivencias, broncas relativizadas con los recursos de las épocas, toreando en lo posible los derrotes del toro papal. Hubo baños árabes y romanos. Catedrales, sinagogas y mezquitas por doquier, jardines y riegos de tierras de leche y miel. ¡Cuánto supiste mirar, Américo Castro!

Teresa y Juan, judíos en los aparatos del futuro Estado, el desarrollo de la ingeniería civil y naval, libros, estudios, lenguas, Averroes y Maimónides judío su discípulo. Spinoza siglos después. Por otro, el furor militar: luchar, dominar, someter sin límite pueblos y continentes, todo un imperio de arcabuz controlado por los celos de poderes varios: romano, francés, británico, maya, inca, musulmán o negro, y lo que se presente ante la insaciable España imperial y su monarquía católica. Imperio insaciable, solo en zapatillas frustrado.

En resumen, toda mi admiración para el pueblo judío en diáspora, y mi distanciamiento radical frente a las neurosis colectivas, ni manías persecutorias, ni delirios de grandeza.

Sabemos que esta enfermedad se reforzó en los años veinte y treintaen Italia y Alemania, aunque viniera de atrás y todavía nos dura hasta 1939-1979, y lo que quede.

Toda sana convivencia se apoya en el respeto al otro, conocido o no.

AMISTAD

Toda la literatura antigua abunda en cantos a favor de la amistad humana, que inicialmente aparece más bien retratada en vidas de héroes. ¿Cómo nacen las amistades? Son relaciones previas con alguien a quien se adjudica un prejuicio favorable. Se reconoce cierta sintonía mutua, una especie de complicidad humana basada en una recíproca confianza. Hay implícito un "flechazo" en la base de toda verdadera amistad.

La amistad puede ser frágil, en eso está su fuerza. Puede crecer o consolidarse. Puede ablandarse, distanciarse o romperse. Puede durar sin fin. Numerosos mortales confunden supuestos eternos emparejamientos con alguna sencilla amistad. La amistad tiende a crear una complicidad de los distintos. Quizá duradera, quizá no. A veces una amistad se concreta en comunidad en un sentimiento o afición.

En la cultura mediterránea es común tener muchos amigos. Los nórdicos tienen un sentido más exigente de la amistad, tienen el concepto de "mejor amigo" o "mejor amiga", que lo distingue del resto. El nórdico está en lo suyo, y a veces piensa que los mediterráneos somos hipócritas ante tanta amistad. Hay que saber entender a cada cual. Nadie te dispensa de conocer la realidad.

En el capítulo siguiente revisaremos los mismos conceptos, ya en su relación con el gran amor.

ÉXITO, ACIERTO Y PAZ

Siempre me ha disgustado el tópico moderno del éxito a todo precio. No he ambicionado liderazgos, salvo el de, en lo posible, acertar.

Me hice a la idea de ser "un buen segundo de abordo". A Silvia le gustaba esta idea mía y la contaba por ahí. Digerí mal mis éxitos en estudios, y peor las secretas envidias que sentía aparecer alrededor. En la vida profesional fui un "negro" redactor de papeles ajenos. Si no me los aceptaban, peleaba en nombre de la razón y aceptaba las enmiendas interpuestas, generalmente pocas. En SECOT me atreví a bautizar mis guiones de la directiva para el presidente como, "el piloto automático". Solo el día en que preparé al presidente un discurso suyo en el Ritz, un texto cuyo contenido contradijo de modo radical. Eran días del Pacto de Toledo (¡siempre nuestro Toledo!). Preparé las ideas de un presidente de ONG en el mundo empresarial, pero Josechu circulaba por otra vía. Me quedé tranquilo con su "rollo".

Creo que era mi secuela de "niño bueno y obediente", entendiendo luego la obediencia como "disciplina". Poco a poco fui distinguiendo mucho entre éxito y "acierto". El éxito por sí mismo es inmoral. Pero, además, el éxito no tiene marcha atrás, es un vehículo peligroso.

Acertar es lo decisivo. Se prueba frente a la realidad. Se corrige, si es preciso. El capitalismo afecta a la persona y le enseña a buscar éxito porque sí. Esto es incompatible con un principio de acierto y respeto, y menos de amor, o no digamos de amistad. Incluye odios difusos. El acierto tiene siempre algún arreglo, más o menos humilde o sincero. En el error no puedes establecerte, solo reconocerlo. Y, regalada con tal reconocimiento, renace la paz.

DEL GRAN AMOR

Por Silvia, mi gran amor

LA DISTANCIA

De lo primero que aprendí de ella vino la idea de la distancia. Se refería entre otros a Bertolt Brecht y su Verfremdung. Repetía que en la base de una relación debe existir una distancia.

Durante años he ido entendiendo. El otro es radicalmente ajeno a uno; es otro en todos los sentidos, y la relación con ese totalmente otro contiene y guarda conciencia y reconocimiento de esa distancia.

Y esta fue la lección: cuando una relación con otro se hace verdadera, y aparentemente más profunda e inevitable, asoma su oreja el lugar de un gran amor. "Y donde no hay amor, ponga amor, y sacará amor", dijo Juan.

¿SORPRESA? ¿DESCONCIERTO?

De cómo nace un gran amor no te puedo contar más que mi caso individual.

En mí surgió desde un choque contra la distancia frente a quien te asombra o desconcierta. Una nueva compañera de trabajo te lanza una crítica radical contra tu estilo y evidencias rutinarias.

Has venido de Bélgica por la muerte de tu padre, y te felicita por esa suerte. Tú lo consideras una horrible falta de educación, pero después reconoces que tu padre había sido un obstáculo para tu vida. La crítica me suponía víctima de la cultura burguesa y una educación de superficialidad. Para ella, todo hipocresía. Para mí, desconcierto.

Por otro lado, cuando yo jugaba a contar chistes idiotas y hacer payasadas, cuando podía producir impecablemente los cacareos y ladridos de un debate entre perro y gallina, la veía reír aparatosa e infantilmente divertida por mi juego, que a otros displicentes disgustaba. Estaba quebrando las reglas de respetabilidad, y ella lo disfrutaba. Lo que generaba más desconcierto.

¿Cómo lo experimentaba ella? Tras muchos años sin yo saberlo, ella me ha contado repetidamente también su sorpresa y desconcierto, cuando aquel día íbamos en un taxi, pasé mi brazo sobre su cuello y dejé descender mi mano hasta su pecho izquierdo. "¡Es increíble cómo pudiste hacer aquello!", me comentaba *solo 40 años después*. Pero aquel día bajábamos del coche y ella me dijo, de pasada, "si estamos enamorados...".

Yo sabía entonces que para ella estar enamorados no significaba más que un sentimiento pasajero, pero lo viví como un reto ilusionante.

Dichos así los principios, queda el largo recorrido. ¿Dependes del otro? ¿Depende de ti? Sabes lo que te da, si es que te lo da, y no sabes bien si tú das algo.

Se va metiendo por medio la vida: decisiones comunes, casa compartida, estética, placer, comida, salud, arte, ideas, fotos y votos, familias, amigos propios o compartidos... Lo que eres y lo que cambias tú, o el otro, cómo, por qué, por quién cambió...

El nuevo problema reside en que un gran amor nunca se demuestra o prueba. No estás seguro de tenerlo y menos de poder continuarlo, ya sea de parte de uno como del otro.

Un gran amor implica una mutua interdependencia en un continuo salvar y mantener la terrorífica y fascinante distancia. No terminas de saber con seguridad cuán plenamente dependes ni seguirás dependiendo de otro. Y menos aún en qué medida real o irreal el otro depende o dependerá de ti.

Un gran amor tienes que creerlo tú, y también el otro. Es un objeto de interminable fe. Cuanto más verdadero te parece el gran amor, más inquietante se hace la duda de su indemostrabilidad. La fe supone un continuo riesgo, tanto más grave cuanto más fatal sería la pérdida.

Y, sin embargo, solo la inestable posibilidad de estar viviendo un gran amor trae consigo un grado de profunda satisfacción, de identidad confirmada, nunca resuelta.

El gran amor se experimenta. Permite sentir sus eventuales fallos sin dejar de guardarlo en su profunda fe. Por algo esta fe religiosa asocia el gran amor con la divinidad.

Es siempre proceso, aprendizaje, libre intercambio de sensibilidad sobre experiencias, sentimientos, valores, placeres o dolores, verdades, bellezas, amistades, y hasta principios, que uno percibe, y quizá en cierto grado asume, gracias al otro. Sucesivos hechos, que en cada caso se reconocen al recordar cómo cada experiencia superaba la inolvidable distancia. El gran amor guarda allí memorias de la fe compartida como historia singular.

El aprendizaje de uno coexiste con sus mil intentos de comunicación hacia el esperado aprendizaje del otro.

Cuando se repite que el amor es fuerte hasta la muerte, se alude al gran amor, porque en este la fe solo se torna en probada experiencia, cuando uno u otro muere. A veces ambos consiguen morir unidos, simultáneamente liberados de la duda. Ella lo quería.

Pero, cuando solo muere uno, el otro superviviente transforma el gran amor como su propia historia de salvación en la verdad, donde guarda por fin una reliquia final de su identidad. Este es mi modo pedante de contártelo. Muchos creerán que estás solo, pero lo cierto es que tu gran amor sigue ahí. Sonora es tu soledad y con ella vives dando a tu caza alcance.

Así el gran amor se revela como referente fundamental de la identidad humana. Descubres luego que los "amores" solo son comprensibles como posibles y múltiples derivados del gran amor. Así me parece ya.

Los antiguos hablaban de moral, amistad, prácticas y costumbres libremente compartidas. Llego a comprenderlo desde la experiencia del gran amor, de modo que los demás amores que, según ahora descubro, se inspiran de hecho en él.

GRAN AMOR Y AMORES

Te voy a contar cómo he llegado a entender la vida social colectiva a partir de la experiencia de mi gran amor. Los "amores" son figuras derivadas, ya no necesariamente fuertes como la muerte.

Solo entre amor y amores se entiende la vía moral hacia la convivencia, o al menos coexistencia, pacífica de una especie humana que comparta su historia y la del mundo de los seres vivos y en la casa común. Lo cuento también a través de experiencias varias.

GRAN AMOR Y RELIGIÓN

Desde los pueblos más primitivos se ha concebido algún tipo de entrega de las personas a seres supuestamente poderosos y superiores, que puedan liberar a los humanos de las catástrofes o violencias, de sus debilidades y todo lo que les traiga la muerte. Esa ha sido la fuente de los sentimientos religiosos en relación con tales poderes.

En casos más simples o sencillos los humanos han pretendido influir sobre esos temibles aunque imposibles seres superiores, concibiendo ritos o sacrificios que los puedan aplacar o amansar. Ese es el origen de la llamada "magia". Y también a veces se han querido generar como "pruebas" actos que inútilmente despejarían las dudas en un gran amor.

De modo también general se ha suscitado el deseo profundo de entrar en cómplice comunión con los poderes. En esos casos se les ha aplicado referencias directamente religiosas sobre las que se proyectan grados de fusión transcendente con las divinidades en un paralelismo implícito con experiencias de gran amor y su esencial recurso a la fe. Se trata aquí de la *mística*, más propia de las grandes religiones. La conocida existencia de mandatos como "amar a Dios sobre todas las cosas" con sus diversas variaciones de origen bíblico-cristiano o coránico y equivalentes indoeuropeos o asiáticos son aplicaciones religiosas de la singular y liberadora experiencia humana de un gran amor.

En esta longitud de onda emitía y sintonizaba este niño solo y obediente, cuando decidió entregarse a un Dios creído.

Se intuye que, siendo el gran amor el hecho más elevado y profundo capaz de consumar la mejor relación entre unos y otros humanos, se vea en él la referencia básica de una experiencia moral liberadora. Cualquier divinidad ha sido concebida como un "otro" radical y social, quizá el más distante, en relación con quien asentar experiencias salvíficas de la constante fragilidad individual y colectiva. Tuve que vivir para comprender.

GRAN AMOR Y SOCIEDAD EN GENERAL

El gran amor sería, a su vez, la referencia más sublime y luminosa para el conjunto de los mejores comportamientos sociales en grupos humanos. Te enumero aquí, como nuevos derivados del gran amor, algunos distintos amores en los que puedo asumir y ejecutar, ahora en forma de respeto, la distancia subyacente a todo gran amor.

AMISTAD

Ha sido concepto básico en la Antigüedad.

Se da entre individuos y en contextos más amplios. Podríamos entenderla también como una iniciativa mutua de fe en el otro, aunque sin la imposibilidad de buscar pruebas. Una benevolencia o cercanía inicial, que se alimenta con favorables gestos o tratos mutuos.

La amistad acepta pruebas de detalle. La amistad no es un "todo o nada", dado que puede quebrarse unilateralmente, por pruebas negativas, por quiebras del debido respeto, por cambios objetivos de situaciones o contextos…

La amistad es algo reticular, que permite compartir grupalmente vida y situación en un favor mutuo ofrecido y aceptado.

La amistad no tiene que guardar fronteras ni supuestas condiciones predefinidas. Es en sí misma un horizonte abierto y no condicionado. Vale la pena mencionar algunos ejemplos.

Amistad en vínculos familiares. Puede desarrollarse paralela o independientemente de obligaciones rituales. La iniciativa de mutua fe compartida y de las pruebas o signos experimentados desborda el marco sociojurídico de la familia y su derecho. Es frecuente conocer experiencias de marido o mujer, o hermanos, etc. que se alegran por "haberse hecho amigos" con el tiempo y de modo independiente de "obligaciones familiares". De mis hermanos, uno era verdaderamente amigo.

Amistad en distintas clases o grupos sociales. La pertenencia a colectivos de diferente origen o nivel cultural, económico o nacional no debe ni puede operar como inhibidora previa de cualesquiera amistades entre individuos de diferentes pertenencias grupales. Es más, no solo una sencilla amistad, sino también un gran amor puede surgir (o al menos ser reconocido como referencia) en cualquier marco colectivo nacional, étnico, económico o social. Y en todo caso, la permanencia de fronteras internas conscientes o inconscientes en este entorno nacional o internacional es un elemento radicalmente destructivo de la humanidad como tal. Fue así como mi amistad con trabajadores españoles en Bélgica me hizo reorientar mi vida y experiencia personal.

Amistad entre distintas ideologías, historias o potencias. La suposición errónea de que en distintos encuadres de cultura, de experiencias históricas o de poder político existen tipos o grupos en sí mismos superiores a otros ha sido y es fuente de casi todos los males de la historia humana, y lo puede ser del planeta que habitamos. Toda mi etapa de trabajo sobre los derechos humanos me hizo comprender que tanto el racismo como el colonialismo han sido decisivos agentes generadores de odio y destrucción en la historia. La negación del otro y ciega adhesión al compatriota de origen o etnia yace en cada nacionalismo y destruye ejerciendo el odio. Por eso, en mi relatada experiencia de la "ceguera" descubrí la verdad. La visión del otro como "enemigo", tan compatible con algunas religiones, y su pretendida explicación en conceptos de "teología política" me helaba las venas leyendo páginas de Carl Schmitt, valga un ejemplo común.

En cuanto a mi experiencia sobre derechos humanos y la organización política de los estados "modernos", te ofrezco capítulo aparte. En todo caso, ambos son campos privilegiados que exigen compartir un mayor respeto al otro.

Amistad entre personas. La apertura frente a cualesquiera posibilidades de verdadera amistad afecta en primer grado a los individuos. Cualquiera puede y debe ejercer su vida como persona "amable". El distanciamiento sistemático de cualquier otro, que no se suponga de la propia clase social, o afiliación, o ciudadanía conduce a inútiles conflictos, frenando la solución de problemas comunes. Los injustos desprecios, las opresiones sociales y las antagónicas luchas perjudican a todos, cuando falta el respeto debido a los demás y la ayuda al más vulnerable con efectos funestos para toda la colectividad. Una verdadera convivencia necesita una apertura de principio a la amistad.

AMORES E INSTINTOS

El humano es engendrado y nace ignorante de los amores, que tiene que aprender a experimentar a lo largo de su vida y convivencia. El engendrado solo experimenta sus reacciones instintivas, captadas desde el inicio dentro del entorno genital.

Todo el desarrollo del humano se enmarca en cadenas de vivencias, experiencias, reacciones, adaptaciones a un entorno progresivamente humanizado en que necesita ayuda externa para su inserción biológica, física, mental y volitivamente viable desde su primer entorno natural.

Su primer progreso le conducirá a conseguir el mejor control de sus instintos, que tendrá que ir haciendo compatible con la adquisición de hábitos prácticos que le permitan insertarse en la necesaria convivencia.

Hay dos principales instintos cuyo progresivo dominio y autocontrol se destacan en las sociedades humanas. Estas tareas son objetos esenciales de un proceso de educación, para el que debe exigir ayuda adulta.

El autodominio que primero aparece y que más lentamente se consigue es el del instinto sexual, inicialmente surgido en los más elementales contactos físicos y experiencias de tensión o relajación. Su entorno inicial se mueve entre el alimento y la caricia, por un lado, y el llanto y la excreción, por otro. La maduración del control sobre el instinto sexual es cuestión de bastantes años.

El otro gran instinto, más temprano y más urgentemente ayudable educativamente por seres adultos, es el de la propiedad, o instinto propietario. Amanece cuando el niño, agarrado a su muñeco, grita "¡míooo!". Y cuando los adultos transmiten más bien un descontrol de ese instinto desbocado, el nuevo habitante resulta incitado hacia la injusticia e incluso la delincuencia y se adapta a una sociedad de rapiña individualista, ejemplo que ya vamos conociendo.

La propiedad como "derecho de usar y abusar" es en sí un sinsentido. Basta que cuides tu posesión, dicho sea en buena mente ecologista.

CONCLUYENDO

Diversas anécdotas me han refrescado una visión más general. Jesús de Nazaret exigía elegir entre Dios y el dinero. Sucede que Dios ha muerto según dicen sabios libros, y a la vez el manejo del dinero se ha multipotenciado científicamente. En apoyo de aquel Dios entretanto se han establecido supersticiones muy construidas e infalibles.

Queda el origen de la horda primitiva que adora sol o la luna y con ellos combate la horda vecina. Tratan ahora de huir hacia prometidos entornos mejores, y si se arriesga el ahogo, lo que tampoco impide entrar en el mar... Es el escándalo actual.

Entretanto el dinero tecnificado produce una restricta concentración millonaria, que coexiste con la aporofobia, un odio a la masa empobrecida, a la que se entretiene con *gadgets* a bajo precio, para que disfruten de fugaces impresiones, los viejísimos *circenses* del imperio, mientras la triste masa ansía un superior cobijo (antes llamado "vivienda").

Queda además otra banda mal encarada y ansiosa por eliminar a sujetos extraños, obedeciendo mandos de algún caudillo. Todos odiando al diferente, sin respeto ni educación.

Y queda el viejísimo sueño: que los parias y maltratados de la tierra acudan a tiempo. Que lleguen a ordenar un mundo de personas diferentes, amistosas en justicia, paz, y naturaleza respetada. ¿Vendrán? Ahí brillaría la moral universal.

EL FIN

Quedaba decir mi último deseo personal.

Solo morir responsable, pacífico y contento, una vez consumada la existencia junto a la huella del gran amor.

Madrid, 16 de septiembre de 2024

SOBRE EL AUTOR

Luis Juan Carlos Acebal Monfort nació en Ávila el 12 de enero de 1937.

1955. Cursa primero de Derecho en la Universidad de Oviedo. Ingresa en la Compañía de Jesús.
1962. Licenciado en Filosofía en Berchmanskoleg (Múnich, Alemania).
1968. Licenciado en Teología (Lovaina, Bélgica).
1968-1972. Instituto Fe y Secularidad, Madrid.
1973. Abandona la Compañía de Jesús. Comienza a militar en la Junta Democrática de España. Secretario de la Junta Democrática de Madrid-Región.
1974. Cofunda Convergencia Socialista de Madrid y la Federación de Partidos Socialistas de España.
1974-1975. Procesado por el Tribunal de Orden Público, pasa el primer semestre de 1975 en prisión. Consigue la libertad provisional amnistiado al iniciarse la monarquía.
1977. Abandona la actividad política.
1977-1979. Unión Sindical Obrera (USO), secretario de Formación, Comisión Ejecutiva de Madrid.
1978. Subdirector (luego director) del Programa de Organización y Gestión de Investigación, Fundación de INI.

1989. Director de la ONG Seniors Españoles para la Cooperación Técnica, Círculo de Empresarios y Cámaras de Comercio.

1997. Director de Relaciones Institucionales, Sociedad General de Autores y Editores (SGAE).

2002. Ya jubilado, continúa en la Junta de Directiva de la Asociación Pro Derechos Humanos de España (APDHE). Fue secretario general y vicepresidente hasta 2017.

2020. Retirado, continúa su labor como escritor.

PUBLICACIONES

COMO AUTOR

La ausencia de Dios en algunos teólogos contemporáneos, Ed. Aparte, Sal Terrae, 1969.

Implantar en España una mejor educación en y para los derechos humanos, petición de la APDHE a la Comisión de Educación y Ciencia del Congreso de los Diputados (otoño de 2004).

Libro de Estilo (para ensayos), Ed. Fundación Alternativas, Madrid, 2005.

¿Retórica o futuro? Derechos humanos en España hoy, ACCI, Madrid, 2014.

Diversos *posts* en la página *Periodismo y derechos humanos*.

Cursos de formación de investigadores en empresas y administración (INAP, Alcalá de Henares), COCINET (Argentina).

Cursos sobre derechos humanos en distintas universidades (UCM, UAM, UPM, UC3M, URJC).

Cursos de formación del profesorado para enseñanza de la asignatura Ciudadanía y Derechos Humanos, 2006-2008.

COMO COORDINADOR/AUTOR

Derechos humanos y desarrollo. Justicia universal: el caso latinoamericano, Icaria, Barcelona, 2007.

Treinta años de derechos humanos en España, Icaria, Barcelona, 2008.

Derecho internacional de los derechos humanos: su vigencia para los Estados y para los ciudadanos, Anthropos, Barcelona, 2009.

El enfoque basado en Derechos Humanos y las políticas de cooperación internacional: análisis comparado con especial atención al caso español, RedEnDerechos, Madrid, 2011.